あくなき薩長の謀略

戊辰戦争

明治維新に隠された卑劣な真実

星 亮一

Hoshi Ryoichi

文芸社文庫

まえがき

明治維新百五十年で国内がわいている。

慶応四年（一八六八）、極めて不幸な国内戦争が起こった。それが戊辰戦争である。

この戦争は、国内を官軍、賊軍に二分し、自称官軍の薩長軍が和平を求める越後や東北の主張を全く無視し、土足で奥羽越に攻め込んだ醜い内戦だった。

京都守護職・会津藩主松平容保は、土佐の山内容堂、越前の松平春嶽らと、朝廷を中心にした新しい政権の樹立で意見の一致を見ていた。

会津藩は徳川慶喜が恭順した以上、会津が戦うべき理由はないと朝廷や有力大名に恭順の意を表し、仙台や米沢藩もこれを高く評価し、会津の立場に賛意を示した。

ところが奥羽鎮撫総督府参謀として仙台に上陸した長州藩士世良修蔵《せらしゅうぞう》は、あくまで会津攻撃を主張、松平容保の切腹と、城、領地の没収を主張して、会津の立場を全く認めない傲慢な態度に終始した。怒った仙台藩士が世良を惨殺、戊辰戦争の火ぶたが切って落とされた。

徳川幕府が瓦解し、将軍慶喜が退陣した以上、本来、戦争は鳥羽伏見ですべて終わりのはずだった。

にもかかわらず薩長新政権の西郷隆盛や木戸孝允は自らの権力を誇示するため世良修蔵を使って内乱に持ち込んだ。それが戊辰戦争の本質だった。

日本の武士道からいって、家臣が主君の首を差し出すなどあり得ぬことだった。東北諸藩の軍事力は、薩長軍に比べると旧態依然たるものがあった。会津藩ですら、旧式の軍制を洋式に転換する途上にあった。他は推して知るべしだった。しかし理不尽な薩長に屈することはできない。

仙台藩を中心とする奥羽越列藩同盟が結成され、慶応四年五月一日、奥羽の関門白河で双方が激突した。

結果は列藩同盟軍の惨敗だった。指揮官の不在、会津と仙台の連携の不備、一日の戦闘で同盟軍は敗れた。

薩長軍は戊辰戦争をこう歌った。

「花は白河、難儀は越後、物の憐れは秋田口」

以後、庄内の戦闘を除くと同盟軍は各地で敗れ、会津も一ヵ月の籠城戦の末、白虎隊の悲劇を残して落城した。

越後では長岡の猛将河井継之助が有利に戦っていたが、銃弾を受けたことで、長岡も落城、新潟港を奪われ、武器弾薬の補給基地を失った。

会津若松の攻防戦は理不尽な薩長に対する命を懸けた戦いだった。

戦死者三千人。会津城下は血で染まり、死体が城下に散乱した。

これに加えて、戦後処理がまた過酷を極めた。

藩士とその家族は、本州最果ての旧南部藩の領地に転封を命じられ、食べるものにも事欠く極貧の暮らしを強いられた。これが薩長政権、明治新政府の弱者をとことん苛め抜く冷酷無残な体質だった。

薩長を中核とする明治政府は、天皇を担ぎあげ、自らの責任を回避する超法規的な統帥権を確立し、以後、帝国陸軍は中国を攻め、朝鮮半島を植民地化し、日本は昭和に入って、遂に太平洋戦争を引き起こし、日本国を崩壊させた。その発端は権力に猛進した薩長政権にあった。

明治維新百五十年は、戊辰戦争の過ちを正し、靖国問題も含めて日本近代史を正すものでなければならない。

安倍総理がおっしゃる薩長土肥が日本の近代化に大きく貢献したというお祭り行事であってはならない。

星《ほし》　亮一《りょういち》

目次

第一章　幕府瓦《が》解《かい》の真相

騙《だま》された慶喜《よしのぶ》

戊辰戦争は、将軍・徳川慶喜の転落から始まった。裏切りと謀略によって、慶喜は思いもよらぬ地獄に真っ逆さまに落ちていった。人生とは一瞬にして変わるものだ。

慶喜には多くの肖像画が残っている。元治《げんじ》元年（一八六四）からの禁裏《きんり》守衛総督（朝廷によって京都御所を警護するために設置された役職）時代、慶喜はフランス軍装に身を固め、輝くばかりの知性と華やかな気品を醸《かも》し出していた。当時、慶喜に会った人は皆、この人物こそが日本の君主にふさわしいと思った。

慶喜自身が、そのことを誰よりも強く意識していた。その慶喜に、最大の試練がやってくる。慶応《けいおう》三年（一八六七）十月十四日の大政奉還《たいせいほうかん》である。

それは、極めて唐突に行われた。神君家康《しんくんいえやす》以来、歴代の将軍が保持し続けてきた征夷大将軍のポストを天皇に返還した。

それは土佐藩（現在の高知県）の坂本龍馬《さかもとりょうま》と後藤象二郎《ごとうしょうじろう》や、薩摩藩（現在の鹿児島県、宮崎県南西部）の小松帯刀《こまつたてわき》らが進言したもので、新政権の総理には慶喜を推薦するという甘い言葉が含まれていた。しかし、それは何の保証もない話だった。

慶喜は土佐と薩摩を信じた。

「政治に諸大名と天皇を参加させるのは、政治の安定と国家の繁栄に大きく寄与するものだ」

と、イギリス公使パークスは高く評価したが、熱海《あたみ》で静養中のフランス公使ロッシュは飛び上がって驚いた。ただちに江戸に向かい、

「信じがたいことだ」

と、茫然自失《ぼうぜんじしつ》の体だった。そのような密室の約束事などまったく信用できない、そういう思いがあった。

慶喜はロッシュの指導のもとに、近代国家への再編に取り組み、フランスの経済使節クーレとの間に総額六百万ドルの借款《しゃっかん》契約を結び、製鉄所の建設や陸海軍の抜本《ばっぽん》的な改革に着手していた。

徳川慶喜

ロッシュにとっても大きな賭けであった。その矢先の突然の大政奉還である。

将軍職を返上した慶喜は、もはや日本国を代表する宰相ではない。

政治家の常識として、慶喜は、政策顧問のロッシュに大政奉還を知らせるべきであったし、意見も十分に聞くべきであった。

根回し不足以前の問題である。

在京の幕閣たちも一体、何をしていたのだろうか。江戸にいた実力派の幕臣、小栗《おぐり》忠順《ただまさ》や勝海舟《かつかいしゅう》らも何も聞かされていなかった。

慶喜が大政奉還という形で政権を放棄したその二ヵ月後、慶応三年十二月九日、薩摩藩の西郷隆盛《さいごうたかもり》と公家の岩倉具視《いわくらともみ》は、王政復古のクーデターを断行した。

慶喜は朝敵の烙印《らくいん》を押され、奈落の底に落ちた。

坂本龍馬はその直前に暗殺され、小松帯刀は京都から姿を消した。京都守護職の会《あい》津《づ》藩（現在の福島県西部）主・松平容保《まつだいらかたもり》、京都所司代の桑名《くわな》藩（現在の三重県北部）主・松平定敬《さだあき》らも、朝敵の汚名を着せられ、解任された。

慶喜とともに新生日本を創るという龍馬の構想は吹き飛んだ。

大政奉還 作者 邨田丹陸　聖徳記念館所蔵

怒る会津と桑名

土佐の大政奉還策に乗った結果、幕府の屋台骨はぐらりと傾いた。土佐は多分に善意で動いたのだろうが、最後にどんでん返しに遭《あ》い、慶喜はまんまと騙《だま》された。

「余は江戸に退き、そこに政府の中枢《ちゅうすう》を建て、日本のもっとも富み、かつもっとも広い関東の主たる地位を確保し、北部の二百余の諸大名、旗本八万騎を味方とし、外国貿易も一層進める」

と、慶喜は在京の老中首座・板倉勝静《いたくらかつきよ》につぶやいた。

京都から大坂城に引き揚げた慶喜は、既定方針通り江戸に帰るつもりだった。しかし、帰れると思ったことが、そもそも見込み違いであった。

西郷隆盛は江戸藩邸に無頼《ぶらい》の徒《と》を集め、江戸市中を攪乱《かくらん》した。怒った幕府は薩摩藩邸を砲撃した。それは、大坂の幕府勢力を激昂《げっこう》させる罠だったのだ。

この知らせが大坂城に届くや、会津藩や桑名藩の兵士は激しく怒り、弱腰の慶喜を突き上げて戦いを叫んだ。

そのとき、慶喜は、

「誰か、わが陣営に西郷に匹敵《ひってき》する人物がいるのか」

と板倉勝静に聞いた。

「おりません」

板倉が答えると、

「では大久保に匹敵する者はおるか」

「それもおりません」

「では勝負にならぬ」

慶喜は黙ってしまった。

「しかし、ここで戦わなければ、殿は刺されますぞ」

板倉がだめを押し、戦争に踏み切ったといわれるが、慶喜の心は猫の目のように変わった。いくら優秀な兵を持っていても、大将の心がこのように脆弱《ぜいじゃく》では勝てなかった。

西郷のぶれない度胸

西郷が待ちに待った開戦である。

慶喜を江戸に逃がせば、事は面倒になる。慶喜のもとに日本の八割方は結集するであろう。そうなれば薩摩、長州（現在の山口県北部・西部）の二藩ではとても勝てない。

慶喜が大坂にいる今なら、幕府の伝習《でんしゅう》兵と会津のみが相手である。

正確にいえば、この時点で幕府はなくなったので旧幕府になる。しかし双方にその意識はない。幕府は依然、幕府である。

会津藩は強いが、装備は刀槍《とうそう》が主であった。一方、薩摩、長州は大砲やライフル銃である。槍ではどうあがいても無理、ならば会津に勝てると西郷は踏んだ。

万が一、敗れた場合はどうするか。幼帝を抱いて、薩摩ではなく長州にかくまい、革命政権を樹立する。そう腹をくくると、西郷に怖いものはなかった。

この辺りが西郷の凄さである。

長州に大村益次郎《おおむらますじろう》（旧姓・村田蔵六《ぞうろく》）という参謀がいる。周防国《すおう》（現在の山口県南部・東部）の医者の倅《せがれ》である。

大村は、大坂の医師であり蘭学者、緒方洪庵《おがたこうあん》の適塾《てきじゅく》に学んだ。いつしか長州藩の兵学教授となり、討幕決戦を前提とする薩長軍事同盟の立役者《たてやくしゃ》になった。ライフル銃を買い集め、槍や刀を捨てて大砲、小銃で武装した軍隊を創設した。

日本陸軍のはしりである。

その大村はこのとき、慎重論を唱えている。

「幕府の力はあなどれない」

そう主張したが、政治家の西郷は大村を抑えて賭けに出た。それがまんまと当たる。

やはり、決戦にはぶれない度胸が大事だった。

大将がぶれては、どんなに強い軍隊でも運用は困難である。

一方の慶喜は、ぶれにぶれた。

もともとこの人物は、摑《つか》みどころのないところがあった。

「公は深沈《しんちん》にして喜怒《きど》色にあらはれず、御側《おそば》近く仕へまつる人々も、誰か思召に協《かな》ひしにや、又協はざるにや、忖度《そんたく》すること難《かた》ければ、孰《いず》れも皆謹慎して奉仕せり」

と、『徳川慶喜公伝』にある。

ただし時々、弁舌さわやかになり、明瞭にしてよどみなく、抑揚があって人を飽きさせないところがあった。そういうときは家康の再来を思わせたが、普段は自信がなく、論理は不明快だった。

一体、どちらが素顔なのか、側近も判断に苦しんだ将軍であった。

大村益次郎

ひげの権助《ごんすけ》

京都の主力部隊、会津藩の大砲隊長は林権助《はやしごんすけ》といった。

吉田山から鴨川見れば
御髭《おひげ》大将かけ廻る

これは、鴨川ほとりの会津藩練兵所で訓練に励む権助を詠《うた》ったものである。

もう六十歳を過ぎていた。隊員は十代の若者もいれば、五十代の男もいた。和装で足袋《たび》を履き、大砲隊なのに槍がいつも立て掛けてあり、槍を振るって突撃する姿もよく見られた。

慶応四年（一八六八）一月三日から始まった鳥羽伏見《とばふしみ》の戦い、（戊辰戦争の始まりとなった戦闘）で、権助は槍を振るって突進して重傷を負い、大坂から船で江戸に引き揚げる途中、海上で没した。

「年六十余にして長髯白麻《ちょうぜんはくま》のごとし。大いに怒って号令を下し、大砲三門を発射してこれに応ず。その距離わずか数間に過ぎず。権助槍を入れしむ。一丸来《いちだんきた》り権助が面を掠《かす》めて去る。顔面焦黒《がんめんしょうとく》となり、全身重傷を蒙《こうむ》る」

と、『会津戊辰戦史』にはある。

戦争は、必死抗戦の薩摩、長州の圧勝だった。会津藩が善戦し、時には勝利したところもあったが、幕府兵に戦闘の意欲はなく逃亡する兵が続出した。にわか作りの伝習兵は、実戦では役に立たなかった。

京都見廻組や新選組の抜刀隊もバタバタと打ち倒された。完敗である。

この鳥羽伏見の戦いは、三日ほどで終わった。

一万五千の軍勢が、わずか五千足らずの薩長軍に敗れたのである。

それでも慶喜が大坂城に留まっていれば、形勢が逆転した可能性があった。大坂で戦争が始まったと聞いて全国の諸藩が動き出し、幕府陸軍の歩兵頭・大鳥圭介《おおとりけいすけ》も援軍を編制し、大坂に向かわんとした。

ところが慶喜の判断はぶれた。錦《にしき》の御旗《みはた》（官軍の旗印）が敵に揚がったと聞いて、真っ青になり、松平容保を連れて軍艦で江戸に逃亡した。

これによって、幕府は完全に瓦解《がかい》した。

ひげの権助については、後日談がある。

権助は京都では有名人だった。いつも元気いっぱい訓練場を駆《か》け回り、薩摩の大砲隊が見学に来たこともあった。会津と薩摩は同盟を結んだこともあり、仲が良かっただけに、権助の大砲隊はやりにくい相手だった。

薩摩藩大砲隊の児玉実文《こだまさねふみ》は権助が戦死したと聞いて、「気の毒なことをした」と思った。

明治になって、権助の孫が東京で苦労していると風の便りに聞いた。

児玉は一軍人で決して裕福ではなかったが、権助の孫を探し出し、引き取って育て、一高から東京大学に進学させた。孫は祖父の名、権助を襲名し、後年、英国大使を務めた。これは凄い美談であった。

鳥羽伏見の真実

この鳥羽伏見の戦いとは、一体どんな戦争だったのか。

大正六年（一九一七）十月十四日、東京九段の靖国神社で行われた、長州出身者による維新戦役戦没者五十年祭で、一冊の本が配布された。『維新戦役実歴談』である。編者は、陸軍中将歩兵第十七旅団長を務めた児玉恕忠《こだまじょちゅう》だった。

児玉は旧名粟屋次郎作《あわやじろうさく》、十七歳のときに整武隊に入隊し、鳥羽伏見で戦った。児玉は農家の出で、国家のためというよりは、ただ軍隊に入りたい一心でやって来たのだった。初めて見る京都は大都会だった。

慶応四年（一八六八）一月三日の夜だった。以下、児玉の回想である。

あれは何だ、伏見の方で戦争が始まったのか。大砲がドンドン鳴って障子がビリビリした。すると御所の中が騒動になった。

公家の婦人が立派な衣類を着て何か包物を持って避難し、右往左往している。夜になると、二十人ほどが来て、ここを大事に守ってくれと言った。

四日の十時頃、鴨川の東の方にある会津公の屋敷からドンドン大砲が鳴り出した。すると、薩摩も大砲を持ち出して、会津の屋敷に向かって撃ち出した。そのうちに薩

錦絵　城州於伏見戦争之図　会津武家屋敷蔵

摩の兵が敵の首を槍の先に刺して歌いながら鳥羽の方から戻ってきた。

こうしてはいられない。こちらも出ようとしたが、交代の兵が来なければ出られない。ようやく蛤《はまぐり》御門《ごもん》を守る交代の兵が来たので、鳥羽に出かけた。

鳥羽の入り口に橋がある。その左右に薩摩兵が泥まみれになって倒れていた。

「早く行ってやってくれ」

と薩摩の兵が言う。

それから鳥羽の中ほどまで行くと、右が高瀬《たかせ》川、左が桂《かつら》川になっている。左は沼で、葦《あし》がいっぱい生えている。その真ん中の土手で、双方がドンドンやるからおびただしい怪我人が出ている。何でも二十八人出たという。即死も出た。

土手の上に家があった。家の柱を盾《たて》にして伏見街道を見つめると、家の二階に敵がいた。敵はこちらに撃ってきた。敵弾が一発、頭を掠《かす》め、気を失って倒れていると、入江隼人《いりえはやと》という人が来て、「やられたな」と言って酒を飲ませてくれた。それで児玉は正気に戻った。

それからドンドンパチパチ始まったが、隠れるところがどこにもない。ちょうど道の真ん中に家を建てる礎石があった。これに頭を隠し、玉を込めていると、薩摩の人が頭を児玉の股のところに突っ込んで、腹を鉄砲の台にした。冗談じゃない。

「危ないぜ」

と言っていると、また一人やって来た。これには驚いた。そこへ会津の兵隊がドンドン槍で向かってくる。薩摩兵や長州兵が槍隊に向かって猛烈に射撃した。こちらの兵が一人やられた。まだ息はある。連れて帰ろうとしたが、戸板はあるが、縄がない。そこで急いで縄をない、戸板に乗せて担《かつ》いだ。

そのとき、敵の大砲玉が頭上で破裂した。

児玉は、怪我人を放り投げて脇に逃げた。怪我人が、

「逃げちゃいかん。逃げちゃいかん」

と文句を言う。

「逃げはせぬ、逃げはせぬ」

と、土手に伏せながら怪我人の足をひっぱる。重くて大変だった。銃隊のなかに中島という力士がいたので、それに担《かつ》がせることにした。

夕方、東寺に引き揚げていると、山田総督（山田顕義《あきよし》）が来て、「わずかの兵で危ない戦をしてはならぬ」と叱られた。薩摩の兵が夜遅く「淀《よど》が落ちた」と伝えに来た。児玉は六日朝、淀に入った。

辺り一面、死体の山

京都の南端、八幡まで行くと、路上に屍骸《しがい》が山のようにあった。山田総督から大坂に行けと言われた。奇兵隊の人足《にんそく》が一人ついて来た。臆病な男で後方に敵がいるとビクビクしている。臆病な男はいらない。

「お前は帰れ」

と、帰した。

橋本の台場も落ち、児玉はそこで馬の肉を食った。これは旨《うま》かった。台場には幕府の本陣があったので、布団が山ほどあった。布団に入って、たっぷり寝た。

七日の朝、仁和寺宮《にんなじのみや》様が錦の御旗を立てて戦場に向かうというので拝《おが》みに出た。初めて錦の御旗を拝んだ。

八日、大坂の守口《もりぐち》まで行けというので、守口に向かい、枚方《ひらかた》まで行くと、伊勢の藤堂《とうどう》（津藩、現在の三重県）の具足や槍があった。それを分捕って守口まで行くと、藤堂から使いが来て、味方になったのだから具足を戻してくれと言う。

九日の朝になると、大坂城に煙が上がった。敵が逃げたに違いない。それでわれ先にと大坂城に向かった。大坂の網島《あみじま》には橋があり、その辺りに行くと幕府の兵に出会った。見つけ次第、幕府兵を斬って川に放り込んだ。

城の大手門に行くと、赤い洋服を着た兵が百人ばかり、太鼓を叩《たた》いて大坂の町に入っていく。あれはどうしたのかというと、英国の軍隊だった。大坂の川口《かわぐち》は租借地になっていて、そこを守るための軍隊がいた。幕府でも薩摩でもない、中立の軍隊だった。

菊が栄えて葵《あおい》が枯れる

それから、児玉は大坂城に入った。

天守閣に登ってみると、さまざまな物が焼け残っていた。立派な槍が沢山あった。大手門の方で地雷が爆発した。体が浮き上がった。危ないからと大坂の町に出る。どこにも敵はいなかった。

これから徳川御三家の紀州（現在の和歌山県、三重県南部）に向かうのだろうと思っていると、紀州から使いが来て「幕府の兵は一人も置かぬので、紀州へは入らないでくれ」ということだった。

戦がなくなったので、児玉は十八日頃、京都に帰った。長州の河原町の屋敷で休んでいると、分捕った馬が百五十頭ほどいた。山田総督から馬の始末をしろと言われた。別の屋敷にも二百頭はいた。皆、良い馬で、鞍《くら》も見たこともないほど立派だった。大将の馬六頭を除いて、すべて売った。

児玉は、京都をあちこち見物した。

三条の橋で偶然、一緒に戦った薩摩の人に出会った。今度、国に帰ると言うと、薩摩の人は関東に行くと言う。名前は知らないが懇意《こんい》になった。

「これが別れだ」

と、薩摩芋を半分ずつ分けて食べた。


この手記から見えるもの、それは薩摩、長州の圧勝だった。

幕府軍はひどい負け方だった。肝心の伝習兵は逃げ惑い、あちこちの戦場に死体や武器が散乱し、幕府の首脳陣の馬がことごとく分捕られ、徳川御三家のひとつでありながら紀州藩は幕府を相手にせずという情勢だった。

幕府はもはやガタガタだった。錦の御旗の威力は想像を絶するものがあった。菊の御紋を見ただけで、人はひれ伏した。

菊（天皇）が栄えて葵《あおい》（徳川）が枯れる、である。

幕府のだめさ加減は、徳川幕府を支持する佐幕派諸藩にも知れ渡っていた。

裏切り者、続出

裏切り第一号は、伏見の淀藩であった。

淀藩主・稲葉正邦《いなばまさくに》は京都所司代から老中を務め、国内事務総裁として、慶喜のブレーン的存在だった。

鳥羽伏見の開戦にあたり、幕府兵は淀城に宿泊し、二手に分かれて鳥羽街道、伏見街道を進撃した。ところが五日夜、淀藩は幕府を見捨て、幕府軍の入城を拒み、薩摩兵を城内に入れた。

これは負け戦の幕府や会津を、これ以上支援はできないという淀藩留守部隊の政治判断だった。淀藩を守るための苦渋《くじゅう》の選択であり、その原因は不甲斐《ふがい》ない慶喜その人にあった。

次いで、津藩が転向した。

津藩主・藤堂高猷《とうどうたかゆき》は、伊勢（現在の三重県）の安濃津《あのつ》に城を構える三十二万四千石の大名である。幕府の命令で、三千余の兵を出し、山崎の高浜砲台を守っていたが、幕府兵が敗走して大坂方面に退いた。

それを追って、長州兵が津藩を味方に入れんとやってきた。

「この戦は、薩長と会津・桑名の私闘だ」

と、津藩は態度を保留したが、幕府の敗色は濃厚である。五日には津藩に勅使とし

錦絵　慶喜天保山来船の図　霊山歴史館蔵

て公家の四条《しじょう》隆平《たかとし》が出向き、重臣の藤堂元施《もとはる》（妥《うね》女《め》）に勅書を渡し、帰順を求めた。それで津藩はひっくり返った。

六日正午過ぎ、津藩の大砲が橋本に陣を構える幕府軍に向けて発射された。あっさりと幕府を見限ったのだ。

こうして橋本の台場はすぐに落ちた。

幕府軍に衝撃が走った。幕府軍は疑心暗鬼《ぎしんあんき》に陥《おちい》り、敗走し、戦争は数日で終わる。

会津藩の公用人、広沢安任《ひろさわやすとう》は、援軍を求めて紀州に向かったが、紀州も幕府を離れていた。

これは、幕府サイドから言わせれば裏切りだった。

幕府は崩壊寸前であった。

幕府惨敗「トンヤレ節」

京都や大坂の「かわら版」には、幕府惨敗の「ざれ歌」が庶民の人気を得ていた。

それには、こうある。

どんどんうちだす薩長土
トコトンヤレトンヤレナ
宮さま宮さま御馬《おんま》の前のひらひらするのは
なんじゃいな
トコトンヤレトンヤレナ
トコトンヤレトンヤレナ
トコトンヤレトンヤレナ
ありゃ朝敵征伐せよとの錦の御旗じゃ知らなんか
トコトンヤレトンヤレナ
おとに聞《きこ》えし関東ざむらい
どっちゃへにげたと問うたれば
トコトンヤレトンヤレナ
城も気概《きがい》もすて
あずまへにげたげな
トコトンヤレトンヤレナ

トコトンヤレトンヤレナ

どうなさるおつもり

慶応四年（一八六八）一月十二日、慶喜は海路、悄然《しょうぜん》と江戸に帰ってきた。

戦いに敗れ、かつ多くの将兵を置き去りにして逃げ帰ったことに後悔の念もあった。江戸に帰って再起を期すという初志を貫徹できず、中途半端な気持ちで戦いに突入してしまったおのれの意志の弱さに、自己嫌悪《じこけんお》を覚えていた。

将軍が軍艦で戻ったというので、品川の浜御殿に迎えに出た勝海舟は、あまりのことに驚いた。家臣たちが戦っているというのに、将軍が敵前逃亡し、のこのこと帰ってきてしまったからである。

慶喜も容保も真っ青な顔をして一言も口をきかない。

「あんたがた、どうなさるおつもりだ」

たまりかねて海舟が怒鳴った。

戦った以上は、城を枕に討ち死にの覚悟が必要であった。大坂に留まっていてくれれば、海舟としても手立てはあった。

勝海舟

榎本武揚《えのもとたけあき》の艦隊を使って鹿児島や下関を砲撃させる、後方攪乱という手である。こうなっては万事休すと海舟は思った。

江戸に戻った慶喜はロッシュに尻を叩かれ、一度は戦うそぶりを見せたが、コロコロ変わる慶喜である。日に何度も心変わりした。

会津藩士たちは慶喜を恨んだ。

江戸に帰るなら自分一人で帰ればよかったではないか。なぜ主君容保を道連れにし、藩内をズタズタに引き裂いたのか。

容保を止めなかったとして、側近の神保修理《じんぼしゅり》は、切腹間違いなしの情勢なのだ。

「すべてあいつが悪い」

慶喜の信用は地に落ちていた。

熱血漢の一人、会津藩の高津仲三郎《たかつちゅうざぶろう》は右手に銃弾を受け、芝新銭座に設けられた臨時の病院でウンウンうなって寝ていた。

そこへ慶喜が見舞いに訪れた。戦傷者は涙を流し、手をあわせたが、高津の怒りは爆発した。

「陪臣卑賤《ばいしんひせん》の身ながらはばからず申しあげる。鳥羽伏見の戦いにおいて一命をも惜しまず戦ったのは、ひとり会津藩《ぼ》のみである。しかるに公は、我ら兵を見捨て、大坂を見捨てられたのはいかなるお思し召しか。恐れながら幕府の末路も、もはやこれまでと言えましょうぞ」

高津は慶喜をはたと睨《にら》みつけた。

慶喜は顔を引きつらせ言葉もなく、逃げるように立ち去った。

江戸城での評定《ひょうじょう》で勘定奉行の小栗忠順が主戦論を展開して、なおもねばったが、慶喜は無言で退出し、二度と皆の前に姿を見せることはなかった。

小栗は罷免《ひめん》され、領地の上州権田《ごんだ》村に隠遁《いんとん》した。

歩兵頭・大鳥圭介も怒りで全身が震えた。大鳥は、播州赤穂《ばんしゅうあこう》の医者の家に生まれた。長州の大村益次郎と同じ適塾に学び、そこから兵学の道に転じた。

このままでは納得できない。慶喜がどうあれ戦わずにはいられない心境だった。

尾張《おわり》・幕府を見限る

薩摩の西郷は、江戸攻撃軍を編制し、慶喜追討の兵を挙げた。

ここで尾張《おわり》藩（現在の愛知県西部）がどう出るのかが極めて注目された。

徳川御三家筆頭にして最大の尾張藩を仕切るのは、徳川慶勝《よしかつ》である。

会津藩主・松平容保、桑名藩主・松平定敬の実兄ということも注目されていた。

慶勝は紆余曲折《うよきょくせつ》、さまざまな体験を積んだ人物であった。

文政《ぶんせい》七年（一八二四）、美濃国高須藩（現在の岐阜県）主・松平義建《よしたつ》の次男に生まれ、嘉永《かえい》二年（一八四九）に尾張藩の第十四代藩主になった。

母は水戸藩主・徳川斉昭《なりあき》の姉である。水戸派ということで、大老・井伊直弼《いいなおすけ》と対立し、徳川斉昭らと不時《ふじ》登城をして隠居を命ぜられた。当時、登城は日程が決められていた。突然の登城、不時登城はご法度《はっと》だった。

その後、子の義宜《よしのり》が藩主になったとき、隠居を許され、後見となった。義宜は六歳だったので、幕末の尾張藩を仕切ったのは慶勝だった。

容保と定敬は必死に幕府を支えようとしたが、慶勝は早々に見限っていた。

そのきっかけは、長州征伐だった。

幕末の政局は、尊王攘夷《そんのうじょうい》派と公武合体派の激しい抗争だった。その延長として文久三年（一八六三）八月十八日、会津藩や薩摩藩がクーデターを決行し、長州藩士や急進派の公卿を武力で京都から追放した。

一方、長州藩は京都からの追放に反発した。そのため京都奪還を目指して翌年の元治元年（一八六四）七月十九日、京都に攻め上り、禁門の変（蛤《はまぐり》御門《ごもん》の変）を引き起こした。

「長州は朝敵なり」

孝明《こうめい》天皇は激しく怒って長州追討の勅命を下し、幕府は慶勝に征長総督を命じた。

もともと慶勝は国内の戦争には反対だった。

何度も断ったが、無理やり押し付けられた。やむを得ず大坂城に入った慶勝は、征長軍参謀の薩摩の西郷隆盛に命じ、禁門の変の責任者を処罰することで、決着を図った。しかし、弟の松平容保は大反対だった。

慶応二年（一八六六）六月、将軍家茂《いえもち》が再び長州征伐を断行するが、これは大惨敗に終わり、幕府は一気に弱体化した。

その後の鳥羽伏見の戦いで、幕府が敗れた瞬間、京都に駐在していた慶勝は、薩長支持の決断を下した。たとえ裏切りと言われようが、それが正しいと判断した。

しかし国許《くにもと》は違っていた。幼君を担いで、薩長と一戦を交えんと戦の準備に入った。

「幕府は勝てない、何を血迷っておるか」

知らせを受けた慶勝は激怒した。

佐幕派のクーデター

尾張藩の藩内事情はなかなか難しいものがあった。尾張人は気性が激しく、慶応期（一八六五〜六八）に入ると、世直し一揆が頻発、米価は上がり、米屋が群衆に襲われ、慶応三年（一八六七）七月には、「ええじゃないか」が始まる。「ええじゃないか」という言葉は、御札降りを発端とした踊りの囃子《はやし》言葉である。世直しを求める民衆の声だった。

にもかかわらず、尾張藩の政治は、対立と分裂がお家芸だった。その背景に旧態《きゅうたい》依然《いぜん》たる付家老《つけがろう》の存在があった。

成瀬正成《なるせまさなり》、成瀬正住《まさずみ》、竹腰正諟《たけこしまさあと》らである。先祖は徳川家康に近い人が多く、それをふりかざし、頭の中は古色《こしょく》蒼然《そうぜん》だった。

慶勝は高須松平家からの養子である。着任以来、保守派につながる年寄りや勘定奉行を解任または左遷《させん》し、海防の充実、海外情報の収集、大砲の製造など慶勝が掲《かか》げた政策は、進歩的で多彩であった。

彼の政治の基本は和であり、幕府と薩長の共存だったが、鳥羽伏見の戦いは、慶勝の中立路線を一気に崩すものだった。

尾張藩はどちらにつくべきなのか。

慶勝の留守を守る尾張の家臣団は分裂し、付家老の多くは幕府方に舵《かじ》を切った。

幕府を支持したのは、家老・渡辺新左衛門《わたなべしんざえもん》、大番頭・榊原勘解由《さかきばらかげゆ》、馬廻頭格・石川内蔵允《いしかわくらのすけ》の三人である。いずれも反慶勝派だった。

慶勝は自分たちこそが、徳川の直系だという妙な誇《ほこ》りがあったのかもしれない。

会津派の場合も同じようなことがあった。容保はやはり養子である。筆頭国家老の西郷頼母《さいごうたのも》は藩祖保科《ほしな》家につながる家柄である。それを持ち出して、容保をいじめた。怒った容保は蟄居《ちっきょ》処分にした。

慶勝は王政復古が発令されると、新政府の「議定《ぎじょう》」という要職に就いており、渡辺らの幕府支持は反乱だった。

鳥羽伏見の戦いが終わった一月六日、尾張藩監察の吉田知行《よしだともつら》が京都に向かい、「佐幕派が、幼君義宜を擁奪し、東下の上で旧幕軍に合流し、再度西上しようとするクーデターが発覚した。急遽帰城して鎮圧されたい」と、慶勝に伝えた。慶勝にとって、まったく青天の霹靂《へきれき》、寝耳に水の出来事だった。

名古屋城の混乱

吉田知行は、そのときの城中の模様を、明治四十三年（一九一〇）の『名古屋史談会誌』で、こう回想している。

慶応四年（一八六八）、即ち明治元年正月三日、京都で朝幕の関係が、とうとう破れて、いわゆる鳥羽伏見の戦いとなりました。

交通不便なころでありましたので、その知らせが、名古屋に達したのは、正月五日でした。この日、たまたま、元千代（義宜）様は、建中寺ご参詣の日でした。わたしは、おさきに行ってお待ちいたしていました。が、一向にお出でがない。にわかにご中止ということになった。あとでわかったことであるが、鳥羽伏見の戦いが起きたからであった。

われわれは、〝即刻、登城せよ〟と達せられたので、急いで登城すると、城中は、上を下への大騒動でありました。

この模様では、尾張家家中も、いつ破裂するかもわからないという情況で、も早や、捨てておくわけには行かず、一刻も早く藩情を京都に滞在中の老公（慶勝）に、お知らせせねばならないということになって、わたしに、その役が命ぜられました。

このとき、寄合組、大番組も、出発することになり、組頭に命令が達せられましたが、佐幕派の人びとは、いろいろと妨害して、なるべく出発を延引させようとしましたので、勤王派の方では、これを説き伏せて、一刻も早く、ことなく出発させようと努力しました。さきに申しましたとおり、なにぶんにも、勤王派の実力者は、みな老公に従って上京していましたので、これを説得する人がなく、たいへん困りました。（略）

そのころ、わたしは、年が若かったが、いわゆる年少気鋭で、強引《ごういん》に反対派の首領と談判いたして、とにかく出発することに決めました。いよいよ出発となりましたが、尾張の周辺の諸藩の事情を、あらかじめ承知して出発せねばなりませぬ。なぜかというと、当時、桑名の松平様は、最も熱心な佐幕派であったし、大垣の戸田様、彦根の井伊様、膳所《ぜぜ》の本多様など、沿道の諸侯は、いずれも譜代大名で、幕府方であったからであります。

それで斥候を先行させて行くことになり、途中の諸藩が、もし兵備して固めておれば、談判してでも通過させてもらい、万一のときには、戦争も辞せないという覚悟で出発しました。

出発当日の朝は、好天に恵まれましたが、さきに申したとおり、戦争勃発の知らせが、いちどあったきりで、その後の情報は、なんら入手していませんでした。あるいは、佐幕派の景気がよいのではないか、と道中、心配してまいりました。ところが、萩原（一宮市）まで行くと、再度の早追いがやってまいりました。

茜部小五郎《あかなべこごろう》に会いまして、伏見では官軍が勝利を占めて、慶喜公は、すでに大坂に遁走《とんそう》されたと聞いて、大いに喜びました。

それから起《おこし》（一宮市）の辺りから、雨となり雪となり、大垣に着いたときには、丸濡れとなったので、そこで着替えをいたしました。（略）

大津に着くと、京都から大砲の破裂の音が聞こえてまいりました。それで、まだ、戦争がつづいていることを知りました。それから京都に着きますと、も早や、慶喜公は江戸に走って、西京は鎮静になり、意外に思いました。そこで、老公（慶勝）にお会いして、お留守中の国情を言上いたしました。

黒幕は岩倉具視

徳川慶勝は、さすがに老獪《ろうかい》であった。

すぐに今度の政変の黒幕、公家の岩倉具視の指示を仰いだ。幕府崩壊のシナリオを書いたのは岩倉だった。天皇を掌中《しょうちゅう》に収めている強みである。

岩倉の豪胆《ごうたん》は聞きしに勝るものだった。

王政復古の前夜のときである。

岩倉は自宅に薩摩、土佐、越前、尾張、芸州の五藩の重臣を呼んでいた。

「明日、王政復古が行われるから、五藩の主人は午前六時に参内すること、藩兵も持ち場につくこと」

と命じた。ところが、尾張藩兵が午前二時頃、御所の中に入ってしまった。計画が見破られたかと、朝議は騒然となった。

「会津、桑名の兵が来て、必ず御所を囲まん」

「ああどうしよう」

と皆、震えた。

「まあ仕方あるまい。酒でも飲んで寝るしかあるまい」

岩倉は召使の女に酒を用意させ、酒を酌《く》み交わし、「失敗したとは限らない。あわてることはない」と言って寝てしまった。

「忽然《こつぜん》、䡖声雷《かんせいらい》の如し」

と、『岩倉公実記』にある。

寝れば心気晴朗となっていい思慮も生まれると、後で皆に語ったとある。

吉田知行からの急報を受けた慶勝は、直ちに在京の重臣を岩倉邸に集めた。慶勝派の付家老・成瀬正肥《なるせまさとも》ら七人が、岩倉具視邸に馳《は》せた。このときのことはいろいろ流布《るふ》されているが、

「いま、官軍は江戸征伐に進発しようとしている。進軍途上にあって、東海道の要衝である尾張で、砲火を開くおそれがある。急遽、不穏分子《ふおんぶんし》を処分せよ」

と、岩倉が命じたと記録にある。

この一言が慶勝にとっては重要だった。

それは朝廷の命令と解釈することができたからである。

岩倉具視

徳川御三家筆頭の裏切り

討幕派にとって東海地域の諸藩の動向は、きわめて重要だった。

尾張の地は中部・北陸諸藩を背後にひかえ、また、

木曾《きそ》・長良《ながら》・揖斐《いび》の三大河川が横たわり、大藩である尾張藩の動向は、ある意味で天下を左右するものであった。

慶勝は名古屋に飛んで帰り、幕府を支持する家老・渡辺新左衛門、大番頭・榊原勘解由、馬廻頭格・石川内蔵允の三人を斬刑、その他三人に与《くみ》するものを禁固、隠居に処した。

これは断固たる処分だった。

世にいう青松葉《あおまつば》事件である。

特に取調べもなく「朝命により死を賜《たま》うものなり」の一語で斬罪、数日のうちに合わせて十四人が斬られた。なかには、何のために斬死にあうのか知らない者もあったが、藩論の統一を示す犠牲であった。

慶勝は去就《きょしゅう》を迷わなかった。弟の会津藩主とは性格がまったく違っていた。

弟の松平容保は優柔不断で決断ができなかった。京都での物入りのため、郷里の会津若松は疲弊《ひへい》し、京都守護職の任に堪《た》えられなくなった。そこで慶喜に守護職の辞任を申し出たが、慶喜に慰留されると、容保はあきらめた。

容保の意志の弱さが、会津藩を追い詰める結果となった。

慶勝の大義名分は、薩長に味方するのではなく、勤王であった。

尾張藩が全面的に味方したことで、薩長の官軍は、東海道を悠々《ゆうゆう》と江戸に向かうことができた。

慶勝は葵を捨て、菊を選択したのである。慶勝は薩長の軍事力ではなく、菊の御紋に屈した。

尾張藩の動きは、幕府を裏切ったという単純なものではなかった。

そのキーパーソンは公家の岩倉具視であり、御三家筆頭が幕府を見捨てた。

慶喜の喉《のど》もとに短刀を突きつけたのは、西郷ではなく慶勝だった。

慶喜、切腹に怯《おび》える

江戸に戻った慶喜は、言うことが日々変わり、誰も信用しなくなってしまった。

勝海舟は慶喜に謁見《えっけん》して恭順《きょうじゅん》を説いた。

慶喜が江戸に戻ってからすでに十日以上を経過している。戦うのか恭順するのか、無意味な論争に皆、辟易《へきえき》していた。

これ以上続けても無意味だった。人心はとうに幕府を離れていた。

「今もし戦えば、策がないわけではございません。軍艦を進めて駿河《するが》湾で攻撃すれば、敵を破ることはできます。関東の士気は高まり、敵の中堅を破り、そのあと艦隊が摂海（大坂湾）に入り、西国、中国の海路を絶てば、宮兵は施《ほどこ》す術を失うでしょう。すべてが御意のままに」

と、海舟は言った。

慶喜は無言のままだった。

「徳川が、むざむざ滅んでたまるか」

と言ってのける気合はまったくなかった。

慶喜は、逃げ戻ってからすぐに自分の保身をあれこれ考えていた。

越前福井藩主・松平春嶽《まつだいらしゅんがく》や土佐藩主・山内容堂《やまうちようどう》に書簡を送り、朝敵を解除してくれるよう依頼し、大奥を仕切る天璋院《てんしょういん》と静寛院宮《せいかんいんのみや》にも同じように頼み込んだ。

天璋院は薩摩の出身、静寛院宮は明治天皇の叔母である。慶喜が江戸城に戻ったとき、国賊朝敵には会いたくないと、二人は面会を断った。しかし会ってみると、慶喜は「薩摩が先に発砲した」と真っ青な顔で震えている。小心翼々《しょうしんよくよく》とした慶喜の姿に、二人はすっかり同情した。

江戸城が攻撃されれば、自分もここで命を落とすことにもなりかねない。静寛院宮は、慶喜の嘆願書を預かった。

「慶喜ゆえに朝敵とともに、身命を捨てなば、帝の玉体を汚し、残念にたえず」

と手紙を添え、朝廷に送った。

もう使えるものは、何でも使う、慶喜は藁《わら》にも縋《すが》る思いだった。将軍の威厳など微塵《みじん》もなかった。

西郷は「慶喜は切腹」とはねつけた。

大久保も「天地に容《い》れざる大罪」と一蹴《いっしゅう》した。

慶喜は切腹の危機に見舞われた。

しかし、西郷と大久保が本当に慶喜を切腹させようとしたのかどうかは疑問である。それを求めたら全面戦争である。

海舟はいかにして慶喜を救い、徳川家を存続させるか、知恵を絞ることになる。

「薩長は私利私欲の集団」

慶応四年（一八六八）二月九日、有栖川宮熾仁親王《ありすがわのみやたるひと》が、東征軍の大総督に選ばれ、西郷は参謀に命じられた。ここに至って慶喜は観念し、上野寛永寺《かんえいじ》大慈院に入って謹慎した。

慶喜の警護に当たったのは、幕臣の高橋泥舟《たかはしでいしゅう》である。槍の名人で、主戦派に慶喜を奪われまいとする役を担《にな》っていた。主戦派にとって慶喜は絶対に必要な切り札だった。

寛永寺は反薩長の砦《とりで》だった。

その中心人物の一人、僧侶義観《ぎかん》は、渋沢成一郎《しぶさわせいいちろう》や天野八郎《あまのはちろう》らが慶喜の警護などを目的として組織した彰義隊《しょうぎたい》を支援し、

「総督府は官軍にあらず、薩長の革命軍であり、私利私欲の集団である」

と弁舌《べんぜつ》を振るった。渋沢成一郎は、後に明治近代化に貢献した実業家、渋沢栄一《えいいち》の従兄弟《いとこ》である。

渋沢は、おめおめ薩長に屈することはできない、ひと泡もふた泡も吹かしてやると叫び、江戸の庶民に期待を抱かせた。

会津藩は政務担当家老・梶原平馬《かじわらへいま》の実弟、武川三彦《たけかわみつひこ》や公用人の小野権之丞《おのごんのじょう》らを侵入させ、決戦を煽《あお》った。

このままでは間違いなく戦争だった。

「慶喜を上野の山からできるだけ早く脱出させ、水戸に送ることが肝要」

と海舟は考えた。

また、新政府の西国平定と並行して組織された東征軍は、東海道を進軍し、三月六日には駿府《すんぷ》（現在の静岡市）に進んでいた。そして三月十五日の江戸城攻撃を命令した。残された時間は少ない。江戸に衝撃が走った。そのとき、幕臣の山岡鉄舟《やまおかてっしゅう》が、西郷に会いに行くと海舟に申し出た。

鉄舟は講武所の剣術世話役を務める剣の名手である。後に新選組となる浪士組が上洛したとき、浪士組取締役の役職で京都に出かけたこともあった。

修羅場での度胸は、折り紙つきの人物だった。

海舟の手紙

「そうか、行ってくれるか」

海舟は、西郷宛の手紙を鉄舟に託した。

その内容は実に巧妙なものだった。

「無偏無党《むへんむとう》、王道堂々たり、今、官軍鄙府《ひふ》（江戸）に逼《せまる》といえども、君臣謹《つつしみ》て恭順の礼を守るものは、我徳川氏の士民といえども、皇国の一民成るを以ての故なり」

という書き出しで始まる国家論だった。海舟はさらに、

「いま国内で兄弟が争っている場合ではない。内戦が起これば、外国の侵略を招く上、庶民もどちらにつくかで大混乱になり、収拾のつかない大戦争になる」

と警告した。

これは官軍だけでは国を治めきれまいという脅《おど》しでもあった。

確かに海舟の言うとおりだった。

西郷は先手を打たれた。

海舟は策を弄《ろう》しすぎると嫌う人もいるが、これは単なる脅しではなかった。江戸で戦争になった場合の対応策も練っていた。

江戸の町火消・新門辰五郎《しんもんたつごろう》に、武器弾薬や食糧の運搬、江戸市民の避難などを依頼していた。さすがは海舟である。

鉄舟の立場は、急遽発令された陸軍総裁・勝海舟の使者である。

「全権を委任するので、江戸城総攻撃を中止させよ」

というのが、海舟からの指令だった。

硬軟取り混ぜて相手を押すのが外交交渉である。ここから鉄舟の命がけの交渉が始まる。

鉄舟、命がけの交渉

鉄舟は最初に、西郷へ自分の立場を明確に述べた。自分は幕府陸軍総裁・勝海舟の名代であり、決定権を持ってここに臨《のぞ》んだことを伝えた。

そして西郷に問うた。

「こたびの朝敵征伐のご趣旨を伺いたい」

「わが軍は人を殺し、国家を騒乱せしむるにあらず。不軌《ふき》を図るものを鎮定《ちんてい》せんとするものである」

不軌とは、道理に反することを意味する。岩倉が主導し、薩摩藩と長州藩に秘密裡に下された、討幕の密勅《みっちょく》（偽勅）によって慶喜を朝敵に陥れた薩長の行為も多分に不軌なるものではないか。鉄舟の腹にはそれがある。

「ならば伺いたい。主君慶喜は謹慎、恭順している。にもかかわらず大軍を向けて江戸城総攻撃の勢いを示しているが、これはいかなることか」

「謹慎、恭順と申されるが、すでに甲州一円では兵端《へいたん》を開いているではないか」

「幾多の家臣のなかにはそうした鼠賊輩《そぞくはい》もおろう。しかしこれらのものは、わが徳川家と縁を断ったものである」

鼠賊輩とは誰をさすのか。この場合、新選組をさしていた。

西郷はしばし沈黙した。

鉄舟は続けた。

「拙者は主人慶喜の意を代表して申し上げている。先生にご理解いただけぬときは、ただ死あるのみである。徳川の家臣八万、命を惜しまぬものはあまたおる。それでも進撃されるのか」

西郷隆盛

普通の人間なら「何を抜かす」となるのだろうが、西郷もさすがに大物である。

居丈高《いたけだか》に官軍風を吹かすことはせず、海舟の顔を十二分に立てる応対をした。

西郷は鉄舟を通して江戸の様子を把握《はあく》した。ひとつ間違えば、大戦争になり薩長政権の崩壊につながりかねないと判断し、ここは無血開城で手を打つべきだと決意した。

西郷、無血開城で合意

西郷は中座して有栖川宮と協議、江戸城総攻撃中止の条件を五ヵ条にまとめ、鉄舟に示した。

一、江戸城を明け渡すこと
一、城中の人数を向島に移すこと
一、兵器を渡すこと
一、軍艦を渡すこと
一、徳川慶喜を備前《びぜん》に預けること

鉄舟は慶喜を備前に渡すことには反対し、四ヵ条で合意すると述べた。
後日、江戸で行われる海舟と西郷の会談は、合意事項を確認するものだった。
かくて慶喜の命は助かる。

会津は生贄《いけにえ》

しかし、それで済むはずはなかった。

慶応四年（一八六八）五月十五日、戊辰戦争の戦闘の一つである上野彰義隊の戦争が勃発する。江戸上野において彰義隊ら旧幕府軍と薩摩藩、長州藩を中心とする新政府軍の間で戦いが始まった。

このときも、佐賀藩が運び込んだ最新鋭のアームストロング砲が撃ち込まれると、彰義隊士は我先に逃げ出した。もの凄い轟音《ごうおん》だった。しかもどこに飛んでくるか分からないところが怖かった。英国製のライフル砲である。

この戦争は一日で鎮圧された。

これは誤算だったが、海舟は軍艦を手放すことを拒んだ。交渉が暗礁《あんしょう》に乗り上げると、

「榎本は鹿児島を砲撃すると騒いでおる。あれは言い出したらきかん男で、困った男だ」

と、軍艦を切り札に使った。

榎本は江戸湾に艦隊を浮かべて、慶喜が静岡に向かうまで見守った。おかげで慶喜は無事、静岡に向かうことができた。

その割を食い、「生贄《いけにえ》」にされたのが会津藩である。

慶喜も海舟も「暴走したのは会津だ」とすべての罪を会津藩にかぶせた。将軍慶喜が恭順したのだから、もはや会津藩に罪はなかった。

だが西郷や大久保は、見せしめとして会津藩に主君・松平容保の首を要求した。そんなことが会津藩に呑《の》めるはずはない。

それを見越した、西郷らの新たな挑発であった。

第二章　奥羽越《おううえつ》列藩同盟

乗り遅れた仙台藩

京都の政変を知って、仙台藩首脳も続々上洛《じょうらく》した。

京都は薩長の天下になっており、

「仙台藩も官軍になって会津を攻撃すべし」

と言われ、仙台藩の首席家老・但木土佐《ただきとさ》ですら、トコトンヤレの調子につられて踊り出しそうな気分になっていた。

もう時代は変わったのだ。

「われらも官軍か」

とまんざらでもない気分であった。

しかし待てよ、という気持ちは但木にも十分あった。

京都守護職の大役にあった会津藩が一転、朝敵になり、主君・松平容保《まつだいらかたもり》の斬首、城、領地の没収というあまりにも苛酷《かこく》な要求が突きつけられていることが納得できなかった。

これは帝の政権がやるべきことではない。そう思った。

帰国してみると、どこを見ても危機意識はまるで見当たらなかった。

幕府がつぶれたという実感がないのだ。

「これでは、困るではないか」

と、但木は部下たちを叱ってみたものの、藩政の責任者は自分である。天に向かって唾《つば》を吐くようなものであり、もの言えば唇寒しであった。

錦旗《きんき》を授けられて帰った坂本大炊《さかもとおおい》や三好監物《みよしけんもつ》らは、あたかも薩長の代弁者のような口ぶりで、会津攻撃を叫んだ。しかし案の定、仙台藩の知恵者、藩校養賢堂《ようけんどう》学頭の大《おお》槻磐渓《つきばんけい》が異議を唱えた。

「かつて朝廷に弓を引いた長州に対する処分は、首謀者の斬首だけという寛大なものだったではないか」

但木は冷や水を浴びせられた心境だった。

大槻はこうも言った。

「そもそも政治は天子君臨すれど統治せずが大原則、天皇が政治に顔を出すなどもっての外である。政治は執政に任せるべきである」

「ううん」

但木は息が詰まった。

大槻の天皇論は、現行憲法の規定と同じだった。象徴天皇ということである。天皇の名前を使えば何でもできる。それはきわめて危険なことだ。大槻はそう警告したのである。

それにしても、この政変に仙台が加わっていなかったのは大失敗だった。藩祖・伊《だ》達政宗公《てまさむね》に申し訳ない。そんな思いもした。

おそらく政宗であれば、少なくとも二千の軍勢を率いて上洛し、重要会談には、すべて顔を出し、仙台も加わった新政権を作っていたであろう。

「まったく、うちの若い連中は何をしていたのだ」

但木の胸中は複雑でもあった。

会津攻撃に大義なし

主君・伊達慶邦《よしくに》も大槻の意見に賛同した。

「よくよく考えることじゃ」

慶邦は慎重だった。

長州藩参謀・世良修蔵《せらしゅうぞう》が薩摩藩士・大山格之助《おおやまかくのすけ》に送ろうとした密書に「主人は好人物ならん」と仙台藩主のことを書いたが、一般的に大名の多くは「ソウセイサマ」だった。

徳川二代将軍秀忠《ひでただ》は家臣に意見を求められると「そう、せい」と答えるのみだったので、以来、「ソウセイサマ」と言われたことに由来するのだが、慶邦はたとえ重臣が評決したものでも、時として鋭い批判を付して、再吟味を命じた。

尾張徳川家は岩倉《いわくら》の意見に従ったが、同じ奥州の会津を仙台の手で討てというのは、乱暴な話だった。

戦争には大義名分が必要である。利害関係がまったくない会津を攻撃することは、論外といえた。

大槻の発言以来、仙台藩内に会津への同情論が強まる。

これには関西と奥州の風土の違いが根底にあった。

関西や名古屋では、「菊が栄えて葵《あおい》が枯れる」がすでに受け入れられていたが、仙台の人々はまだ信じがたい気持ちでいた。まだまだ気分は葵であった。と同時に、奥州の風土に根ざす義がどの藩にもあった。

救うか否か

会津の人々はこの状況をどう考えているのだろうか。

仙台藩では正使・玉虫左太夫《たまむしさだゆう》と副使・若生文十郎《わこうぶんじゅうろう》を会津若松に向かわせた。

玉虫は藩校養賢堂指南頭取、若生は主君の近習である。

『仙台戊辰史』によると、二人は三月十五日、仙台を発《た》ち、まず、米沢（現在の山形県東南部）に向かった。

米沢で情勢分析に当たり、それから会津若松に向かう段取りである。

米沢も佐幕派である。正月三日に鳥羽伏見の戦いが起こり、十三日にそれが米沢に通報されるや、米沢藩主・上杉斉憲《うえすぎなりのり》は幕府の支援のために千四百の兵を率いて、京都に上らんとした。しかし出発したとき、すでに鳥羽伏見の戦いは終わっており、斉憲は、途中で引き返した。

米沢藩主・上杉家も、伊達家と並ぶ名門であった。

玉虫らは米沢城本丸で、上杉斉憲に謁見《えっけん》した。

「会津は困ったことになった。会津と米沢は縁戚にあたる。何としても会津を救いたい」

と、斉憲が言った。

「わが主君も思いは同じ」

と、玉虫は斉憲を見つめた。

玉虫と若生は、引き続き米沢藩重臣と協議した。家老・色部長門《いろべながと》、後に軍事総督となる千坂太郎左衛門《ちさかたろうざえもん》、軍事参謀となる甘糟継茂《あまかすつぐしげ》といった面々だった。

米沢藩重臣の考えは「米沢、仙台、庄内（現在の庄内地方・山形県鶴岡市）が同盟を結び、朝廷に会津追討不可を申し入れる」というものだった。それを薩長が拒んだらどうするか。

「そのときは、戦うまでだ」

と、千坂が言った。玉虫は意を強くした。

二人は険しい峠を越えて会津に入った。『会津松平家譜』によると、このとき、米沢藩士・木滑《きなめり》要《かなめ》人、片山仁一郎《かたやまじんいちろう》が同道していた。

若松城は天下の名城だった。

藩主・松平容保は、これらの使節を丁重《ていちょう》にもてなした。温和な人物だった。

「玉虫、苦しゅうない。こちらへ、こちらへ」

と、容保が手招きした。

玉虫が、主君・慶邦の言葉を伝え、

「仙台藩あげて救済に努力いたす所存」

と述べると、容保は眼を潤《うる》ませ、

「酒を持て」

と言った。

「玉虫、そちはいけるとか。大盃《たいはい》を取らせよう」

「恐れながら小生、大盃（大敗）を嫌います。小盞《しょうさん》（勝算）を賜わりたい」

と言うと、容保は声をあげて笑った。

重臣たちは仙台藩の申し出に安堵《あんど》した。心ならずも鳥羽伏見の戦いに敗れ、会津藩主従は屈辱に苛《さいな》まれていた。

主君の笑顔を見たのも実に久しぶりだった。この夜、会津の重臣たちは、心穏やかに眠ることができた。

仙台の龍馬、玉虫左太夫

玉虫左太夫について触れておきたい。玉虫は、仙台では稀有《けう》な人物だった。安政《あんせい》七年（一八六〇）に正使外国奉行・新見正興《しんみまさおき》の従者として訪米し、『航米日録《こうべいにちろく》』という紀行文を書いている。

玉虫は昨今、仙台の龍馬《りょうま》といわれている。

仙台の保守的な藩風に飽き足らず、脱藩して江戸に出た。

彼の人となりは、「続日本史籍協会叢書」の『官武通紀《かんぶつうき》』に書かれている。

この本は玉虫が藩命によって蝦夷《えぞ》地や京都、長州などを探索したときの記述である。解題を歴史家森谷秀亮が書いていた。

玉虫は文政《ぶんせい》六年（一八二三）仙台藩士・玉虫平蔵《へいぞう》の五男に生まれた。通称左太夫、諱《いみな》は誼茂《やすしげ》、字《あざな》を子発《しはつ》、拙斎または東海と号した。

一度結婚し、一女をもうけ、大志を抱いて江戸に出奔した。

辛酸《しんさん》を嘗《な》めながら生活し、大学頭・林復斎《はやしふくさい》に仕え、塾長も務めた。その後、目付・堀織部正《ほりおりべのしょう》に仕え、堀が箱館奉行として蝦夷地に赴任するや、玉虫も随行して蝦夷地に渡り、そのときの見聞を『入北記―蝦夷地・樺太巡見日誌』にまとめた。

堀は、玉虫の文才に驚嘆したという。

アメリカの共和政治

まもなく幕府は、日米修好通商条約の批准書交換のために、使節をアメリカに派遣することになった。

使節団は、正使外国奉行兼神奈川奉行・新見正興、副使箱館奉行・村垣範正《むらがきのりまさ》、目付・小栗忠順《おぐりただまさ》という顔ぶれだった。

堀は、玉虫を記録係として推薦した。

一行は安政七年正月二十二日、アメリカ軍艦で横浜を出発した。往路は太平洋を横断、帰路は大西洋を横断し、喜望峰《きぼうほう》を回ってインド洋に入り、世界一周の旅を終え、九月二十七日に帰国した。

この旅で玉虫が感銘《かんめい》を受けたのは、アメリカの共和政治だった。

上下両院を置き、選挙によって選ばれた議員を中心とする政治であった。

大統領も民選だった。これは夢のような理想の政治だった。

今回の日本の政変は、共和政治とはほど遠いものである。

何らの指針も示さず薩長の理不尽なクーデターに屈した徳川慶喜《よしのぶ》、官軍を自称し武力で日本を我がものにせんとする薩長、この両方を玉虫は許さなかった。

奥羽越《おううえつ》列藩同盟の結成

玉虫の留守中に、仙台に奥羽鎮撫総督府《おううちんぶそうとくふ》の一行が上陸した。これは、朝敵と名指しで批難した会津藩と庄内藩を鎮圧する目的でつくられた。

会津に出かけたことで、玉虫は長州藩参謀・世良修蔵に呼び出された。

「仙台には目先が利くものはおらんのか、会津に出かけるなどとんでもない。即刻、会津を討つべし」

世良は玉虫を罵倒《ばとう》した。

この暴言に、仙台、米沢の人々は怒った。

ついには両藩の藩公が直接乗り出し、平和的解決を奥羽鎮撫総督・九条道孝《くじょうみちたか》に求めたが、参謀の世良はにべもなく拒否した。

「これでは納得はできぬ」

激昂した仙台藩兵は世良を斬殺、奥羽諸藩が仙台藩領白石城下に参集、奥羽全体でこの問題に対処せんと、慶応四年（一八六八）五月三日、攻守同盟である奥羽越列藩同盟を結成した。

岩倉や西郷《さいごう》は意外な事態に仰天した。

長岡藩（現在の新潟県長岡市）も同調する動きにあり、事態は日本を二分する大戦争に発展する様相を呈した。

白河での討論会

列藩同盟結成の二日前、仙台・会津連合軍と薩長軍の戦争が、白河で始まった。

平成二十年、戊辰戦争百四十周年を記念して、白河で「あの戦争は何だったのか」という討論会があり、私も招かれた。

当時、ＮＨＫの「その時歴史が動いた」の司会者だった松平定知《さだとも》氏、作家の森まゆみ氏らが出席した。

松平氏の先祖は江戸の旗本、森氏の先祖は仙台藩の侍で、奇しくも私の先祖と同郷だった。

「薩長は、どうも好きになれない」

と松平氏が言えば、森氏も「陰謀が多かったでしょう。私も嫌いです」と言った。

森氏は江戸の若い旗本の心情を汲んだ『彰義隊《しょうぎたい》異聞』という本を書いている。

結局、白河での討論会は、「薩摩、長州はノー」と、東北の正義を強調する結論になった。

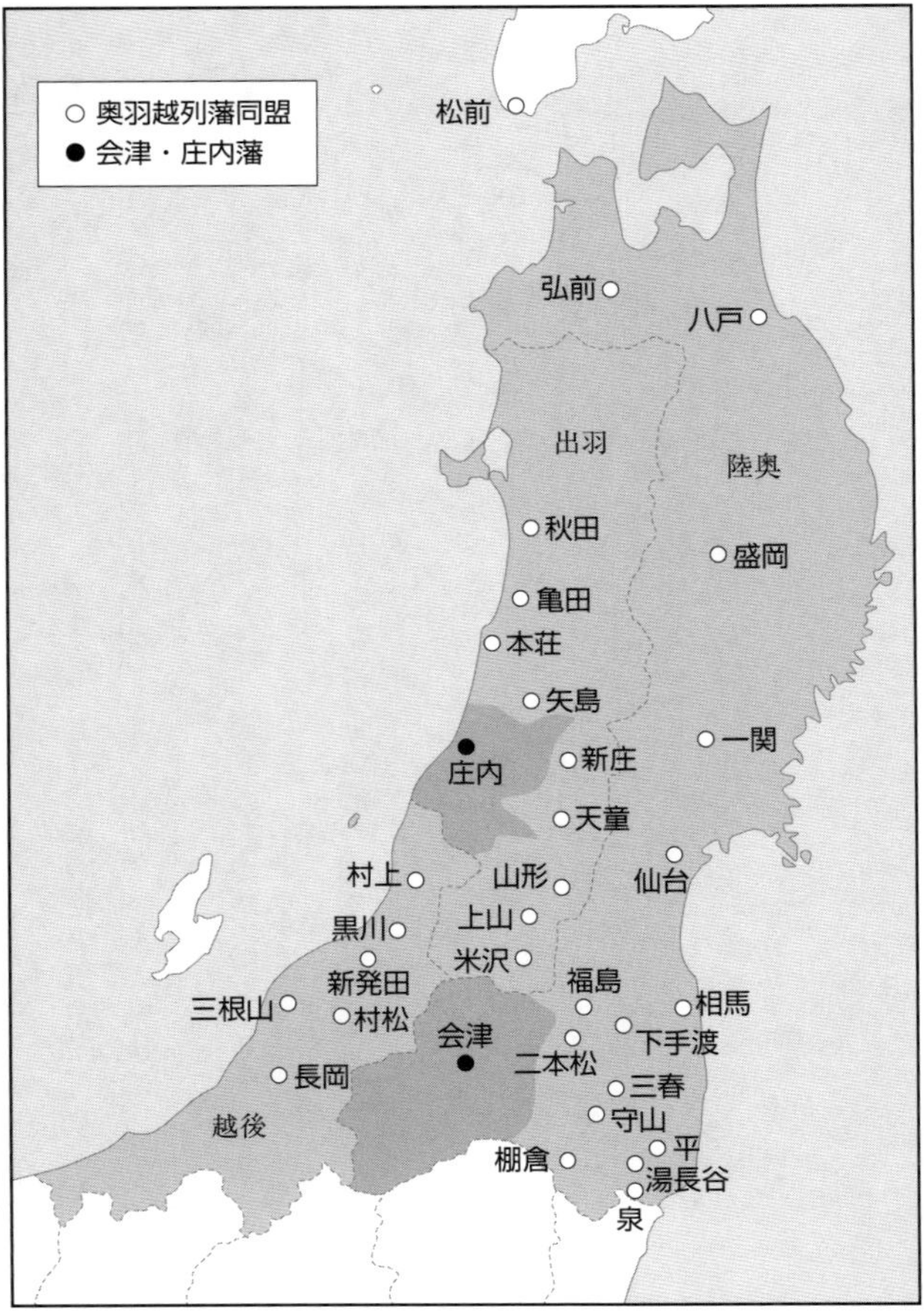
○ 奥羽越列藩同盟
● 会津・庄内藩
松前
弘前
八戸
出羽
陸奥
秋田
盛岡
亀田
本荘
矢島
一関
庄内
新庄
天童
仙台
村上
山形
上山
黒川
米沢
新発田
福島
三根山
村松
会津
相馬
下手渡
二本松
長岡
三春
守山
越後
平
棚倉
湯長谷
泉

みちのくは異界

京の人々にとって、みちのく（陸奥《むつ》国）は異界であった。その白河に城下町を造ったのは丹羽《にわ》長重《ながしげ》である。織田信長の安土城の普請奉行を務めた丹羽長秀《ながひで》の子である。白河城は北西側を流れていた阿武隈川《あぶくまがわ》を北に付け替えて旧河道を外堀とし、旧河川敷に二ノ丸、三ノ丸を設け、本丸は石を積み上げて造り、三重櫓《やぐら》、富士見櫓などを設けた。周囲には侍屋敷、足軽屋敷、中間屋敷が配置された、そこそこの城だった。

越後も加わり、奥羽越列藩同盟が結成される直前、会津藩は白河城に兵を入れ、奥州街道を下ってくる薩長軍を迎え撃つ態勢を整えていた。

会津支援を決めた仙台藩も、ここに大軍を送り込んだ。仙台藩の北限は水沢である。この戦争には、時期は異なるが一関や水沢、前沢、藤沢などからも兵が動員された。

北方政権樹立の夢

私が思うに、奥羽の人々の決起は、薩長の人々の決起とはまったく異質なものだった。薩長の人々は、討幕で一本化した。異議を唱えた坂本龍馬は抹殺された。

しかし、彼らの決起は、会津に対する同情心、会津藩の義の精神に同調したことにあった。同時にそれは、会津に対して無理矢理に朝敵の汚名を着せた薩長の理不尽さに対する怒りだった。

よく奥羽は幕府の再興を考えたということを述べる人もいるが、そうではなかった。薩長政権の否定であり、最終的には奥羽主体の政権、北方政権の樹立を目指した。

その理論を打ち立てたのが仙台藩だった。

戦争経験なしの江戸奪還

列藩同盟軍の当面の目標は、奥羽、越後を死守し、江戸に攻め上って江戸城を奪還せんとすることだった。

関東や江戸に展開する旧幕府兵や彰義隊にも期待を寄せ、関東以北から薩長兵を一掃することをうたった。

この作戦は全国的な視野に立ち、西郷や大久保の心胆を寒からしめる大作戦であった。ひとつ間違えば、薩長新政府はたちまち瓦解《がかい》することは必至だった。

仙台藩は江戸屋敷に俊英を派遣していた。彼らは横浜に向かい、武器弾薬の調達にあたった。

しかし、なにぶんにも仙台藩には、江戸時代を通して戦争の経験がなかった。対する薩摩、長州は、外国の軍艦と砲撃戦を行い、長州軍は藩境に迫った幕府軍を撃退していた。

唯一、彼らと戦闘経験を持っているのが、会津藩だった。

実はここに重大な問題があった。会津藩は鳥羽伏見の戦いで、すべてを失って帰国していた。財政的にも破綻《はたん》しており、戦費もままならないのが実情だった。軍制を洋式に改め、年齢別に編制し、大砲隊も整備したが、泥縄式の印象を免れず、諸藩の期待と実情との間に大きな差があった。

会津藩首脳は神に祈る心境だった。

何が何でも、緒戦に勝つ必要がある。

なぜ非戦派家老の西郷が総督に

会津藩は、白河口に約千五百人の大部隊を送った。しかし驚いたことに、白河口総督は意外や意外、非戦派の家老・西郷頼母《さいごうたのも》だった。

「なぜ」

疑問に思う人は大勢いた。

頼母は、薩摩のことも長州のことも知らなかった。

容保が京都守護職として会津を留守にしている間、閉門蟄居《ちっきょ》の処分を受け、世間の風を知らずに過ごしていた。

この人事、誰が決めたのかといえば、主君容保をおいてほかになかった。容保の温情かもしれなかった。それが裏目に出る。

『幕末会津志士傳稿本』に、西郷頼母は性格的に狭量で人望がないとある。

仮に性格に難点があったとしても、彼が、実戦経験が豊富で卓越した戦略家であったならば、何ら問題はなかった。しかし、それはまったく期待できなかった。副総督は、横山主税《よこやまちから》だった。

江戸家老を務めた横山主税の養嗣子である。欧州視察の経験はあったが、鳥羽伏見では参戦していなかった。

トップとナンバー2が、言ってみれば素人だった。

これは論評以前の問題だった。

主君容保は時折こういうミスを犯すことがあった。容保もさることながら周囲の重臣たちは何を考えていたのか。これが最大の問題だった。

兵は朱雀《すざく》一番士中隊、義集隊、新選組、純義隊、青龍一番士中隊、朱雀一番足軽隊、青龍《せいりゅう》一番足軽隊、遊撃隊、砲兵隊、会義隊、棚倉藩一小隊などの精鋭が送り込まれたが、それが機能せず惨敗する。

仙台も大軍派遣

仙台藩も大軍を白河口に派遣した。

仙台藩境に近い福島には軍事局が置かれ、執政・坂英力《さかえいりき》、参政兼参謀・真田喜平太《さなだきへいた》と警衛歩兵一大隊が常駐した。ただし、この配置には疑問があった。

米沢藩との連携には便利な場所だったが、白河は距離が離れすぎており、せめて白河に近い須賀川《すかがわ》に配置すべきだった。

白河には参謀・坂本大炊の歩兵三小隊、副参謀・今村鷲之助《いまむらわしのすけ》の砲兵一小隊と大隊長・瀬上主膳《せのうえしゅぜん》の歩兵五小隊、砲兵一小隊、大隊長・佐藤宮内《さとうくない》の歩兵三小隊、砲兵一小隊が配備についた。

さらに、庄内藩の小梁川敬治の一小隊も姿を見せ、二本松藩《にほんまつ》（現在の福島県二本松市）兵、棚倉藩《たなぐら》（現在の福島県東白川郡棚倉町）兵の姿もあった。すべて合わせると、どのくらいの兵力だったのか。一般には約二千といわれている。

対する薩長軍は、宇都宮にいた薩摩の参謀・伊地知正治《いじちまさはる》率いる薩摩、長州、大垣、忍《おし》の東山道軍約七百を白河戦に投入した。

かつて、白河城を見た伊達政宗は、「この城は朝飯前に落とせる」と語ったというが、実際、堀も狭く、東北の関門にしては、きわめて防備が手薄な城で、しかも領主がいない空き城だったので、列藩同盟にとっては頭が痛かった。

新選組は異論

新選組の山口次郎《やまぐちじろう》（斎藤一《さいとうはじめ》）ら戦闘の経験者は、

「この城は守れない。兵を郊外に展開させるべきだ」

と主張したが、頼母は、

「いま仙台、二本松、棚倉など各藩の大兵が白河城にあり、何を憂《うれ》えるか」

と取り上げなかった。

これに対して伊地知は綿密な敵情偵察を行い、白河城下の図面を作成し、会津、仙台軍の配置も調べた。

会津・仙台連合軍は、前線基地として唯一、奥州街道を見下ろす中央の稲荷山《いなりやま》に仙台藩の砲兵陣地を築き、両サイドの立石山《たていしやま》、雷神山《らいじんやま》に会津藩の大砲隊を布陣していた。

大砲隊の威力を削減するため、伊地知は夜半、ひそかに先鋒部隊を城下に潜ませ、早朝、総攻撃をかける電撃作戦を採用した。また、大砲陣地には山越えで砲撃する臼砲《きゅうほう》を採用した。

この作戦が実行に移されれば、会津・仙台連合軍の大砲は、威力を封じられることは間違いなかった。目に見えないところから砲撃されるので、報復攻撃ができなくなる。

薩長軍、一日で大勝利

慶応四年（一八六八）五月一日、薩長軍は中央突破と見せかけて、早朝、左右から

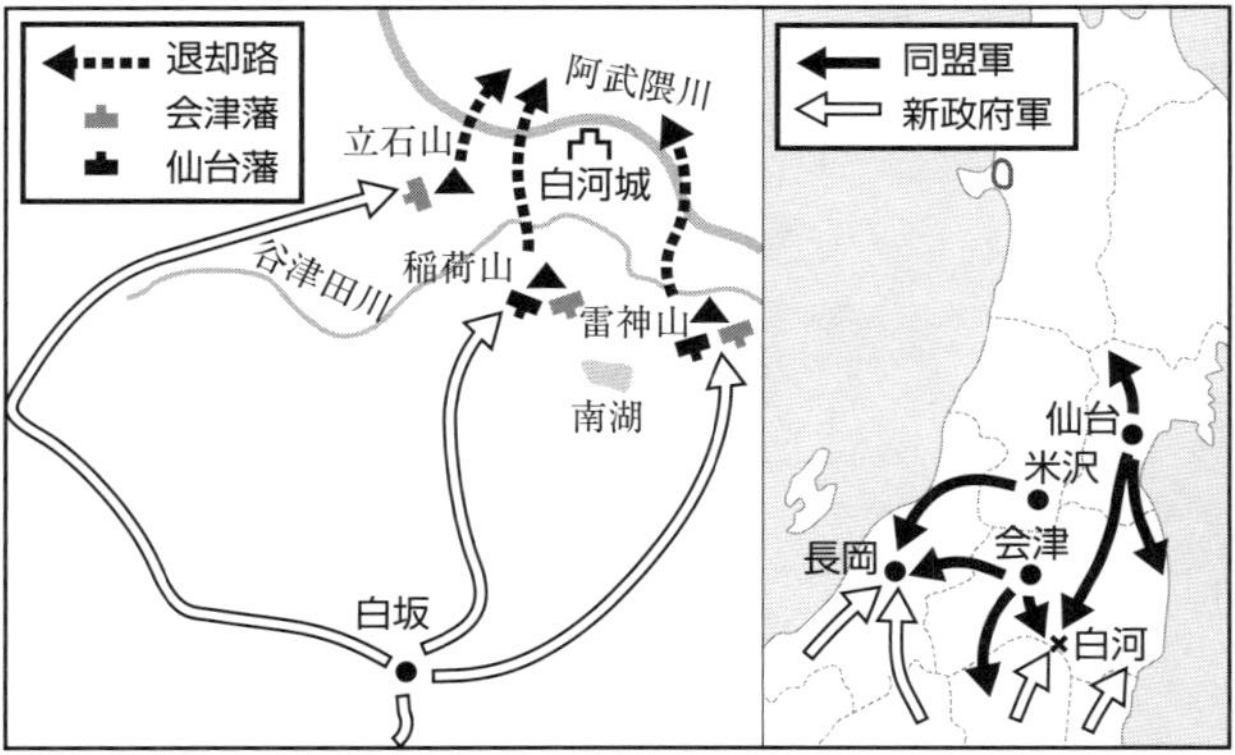

白河口の戦い　両軍の動き

大砲による攻撃を開始した。会津軍が守る立石山、雷神山の砲台は、目に見えないところから打ち出される臼砲の集中砲火を浴び、大混乱に陥《おちい》った。

驚いて城から飛び出した会津と仙台の歩兵部隊は、城下に潜む狙撃兵に銃撃され、バタバタと倒れ、十字砲火を浴びせられ、同盟軍は死体の山を築いた。

薩長軍は砲台を占領するや、大砲を運び上げ、白河城に砲撃を加えた。

仙台藩の参謀・坂本は動転し、数人の従者を率いて阿武隈川を渡り、敵の背後を突こうとして狙撃され、戦死した。

会津の横山も正気を失った。占領された稲荷山を奪還せんとして真っ先に山に駆け登り、頂上から撃ち出される銃弾に倒れた。

従者が駆《か》け登って横山の首をかき切り、

やっとの思いで持ち帰った。

いったん崩れ出すと、事態を収拾することはできなかった。

「官軍の死傷約七十、敵は死屍《しし》六百余を残し、散乱退去」

と、薩長軍は大勝利に沸いた。

戊辰戦争を通じて、たった一日の戦闘でこれほど決定的に勝利を収めた戦いはなく、「花は白河」とうたわれた。同盟軍の敗因は、指揮官不在、武器の劣悪、油断であった。

以後、同盟軍は何度も白河奪還作戦を展開するが、仙台兵はいつも逃げ惑い、大砲を撃たれると五里も逃げだすということから、「ドン五里兵」と汚名が付いた。

会津にもかつての栄光はなかった。列藩同盟の軍事力に早くも赤信号がともった。

庶民はどう見たか

白河では大勢の庶民が、この戦争を見つめ、記録していた。『戊辰白河口戦争記』である。

――白河鍛冶町の老父・小黒万吉の話
西軍で強いのは薩長、東軍で強いのは会津であった。
戊辰の戦は、会兵と薩長兵の戦であるといってもよい。西軍は戦争が上手であったようだ。兵器も西軍の方が新兵器を多く使った。また薩藩は一人でも二人でも銃の音を聞くと、吾先に進んだ。

――白河年貢町の老婆・石倉サダの話

五月一日、官軍は九番町、桜町方面から攻めてきた。会津様は敗れて血まみれになって町に逃げ込む。町の人たちは老を扶《たす》け、幼を負うて皆、横町から向寺町を逃げたものだ。そのさまは大川の水が流れるようであった。うしろを振り向く暇などあったものでない。つまずくものなら倒れる。今でも思いだすとゾッとする。

――西白河郡西郷村の老父・小針利七の話

戦争の年は十五歳だった。当時、米村は四十戸であった。皆、会津様の宿をした。四百人からの屯所であった。

私の家には十人泊まった。米村は皆、会津びいきで、何とかして会津さまを勝たせたいと祈ったものだ。官軍は下新田の観音様付近に大砲二門をすえてドーン、ドーンとうった。会津さまは立石に陣をとった。いよいよ米村の会津さまが出発する。日向大将は陣羽織を着て、中山に官軍を要撃せんと指揮したが、官軍に狙撃されて死んだために会兵の士気衰え、米の南の田や堀を越えて、米部落に引き揚げた。

仙台さまは堀川の西南、古天神を守っていたが、破られて金勝寺に退いた。立石稲荷の前では会兵が十三人も討ち死にした。

この日に生け捕りになった東軍は、翌日に白河の新蔵の土橋や円明寺の土橋の所で斬られ、胴も頭も谷津田川に捨てられた。今、円明寺の橋の袖にある南無阿弥陀仏の碑は、この供養のために後人の建てたものである。

――白河七番町の老婆・青木やすの話

私は十三歳。

戦争になると馬に乗せられて、小田川村の芳賀須知《はがすち》の親の里に避難した。毎日親が迎えに来るのを待っていた。十五日も経って白河に戻ると、また戦争になり、今度は黒川の親戚に行った。芳賀須知では他所からも避難者が集って各戸、人がいっぱいであった。

戦争というのは本当にオッカネエものであった。白河に帰って見ると、家は官軍様に占領されていて、私たちは板小屋に寝起きしていた。官軍様は洋服を着ていた。七番町の錠屋で、炊き出しをした。

――白河七番町の老父・柳沼巳之吉の話

私は十二歳。

親は家にいたが、婦人や子供は在の方へ移った。

大平八郎が案内しなければ白河は破れなかった。大平の案内で桜町が破れ、それで九番町口も破れた。会津様が大平八郎を怨むのもわけがあることだ。


当時の目撃者の証言は、生々しいものがあった。

白河が破れることになった大平八郎の案内とは、いかなるものだったのだろうか。

裏切り者を斬殺

薩長軍大勝利の背景にあったのは、臼砲の使用と狙撃兵を前夜から城下に潜入させていたことだった。その道案内を買って出たのが白河の玄関口、白坂村の顔役・大平八郎だった。

大平は、薩摩四番隊長・川村与十郎《かわむらよじゅうろう》から白河城への案内を頼まれた。大平は間道を教え、まんまと狙撃兵が侵入に成功した。大平はこの功績で二人扶持《ぶち》となり、白坂町人馬継立取締役になり、戦後、町の大物になった。

明治三年（一八七〇）になってからである。白河で苦汁《くじゅう》を嘗《な》めた元会津藩士・田辺軍次《たなべぐんじ》が、青森の斗南《となみ》藩から徒歩で白河にやってきた。

大平八郎を討つためだった。

白坂は幕府領である。その義を忘れたことは許せないと、軍次は考えた。

白坂に向かった軍次は、ついに大平八郎を見つけ出し、これを斬殺し、自分も切腹して命を絶った。白河には田辺軍次の墓碑があり、次のように刻まれている。


君は会津藩士田辺熊蔵の長子なり。沈勇にして気節有り。戊辰の役、会津の敗るるや東京に幽錮《ゆうこ》せられ、後、許されて斗南に移住す。君存京の日、郷人に語て曰く、我軍の敗機《はいき》は白河の戦に在り。しこうして白河の一敗は実に大平八郎の叛応《はんおう》に因《よ》る。八郎は幕領白坂村の民なり、西軍を導き間道より出で、我軍の不備に乗ぜしむ。其恩に背《そむ》き、義を忘る、実に禽獣《きんじゅう》に等《ひと》し。吾《われ》他日必ず渠《かれ》の首を刎《は》ねて、以て報ゆる所あらんと。聞く者之を壮《そう》とす。

明治三年七月、君、斗南を発し、八月十一日黄昏《たそがれ》白坂村に向う。


かくて白坂村役場に着いた軍次は、大平を呼び出し、宿舎で刀を抜いて斬りつけた。二人は格闘となり、田辺が逆にくみ伏せられた。宿舎は大騒ぎになり、駆けつけた村吏の重左衛門が、部屋が暗いために誤って八郎を刀で刺してしまう。村民が呆然とするなか、軍次は起き上がり、八郎にとどめを刺した。

碑文はさらに続いた。

たちまちにして村民麕到《きんとう》する者数十人。君終《つい》に免《のが》るべからざるを知り従容《しょうよう》として腹を屠《ほふ》って死す。

嗚呼《ああ》何ぞ壮なるかな。

時に年二十一。

村民屍《しかばね》を同村観音寺域内に埋葬す。爾来《じらい》星霜二十有七、墓碣《ぼけつ》永く荊棘《けいきょく》中に隠没し、人その事蹟を知るなし。

明治二十九年、その二十七回忌に当り、在白河会津会員は胥謀《あいはか》り、八月遺骨を白河会津藩戦死諸士の墓側に改装し、その事蹟を石に刻して之を建て、千祀に伝う。庶幾《こいねがわ》くは君もって瞑《めい》すべし。

會津　高木盛之輔撰

會津　上野良尚書

白河口の戦いの後日談である。

軍次の気持ちも分からなくはない。

第三章　仙台藩の敗走

仙台の衝撃隊《しょうげきたい》鴉組《からすぐみ》

列藩同盟の盟主でありながら、仙台兵につけられたありがたくない名前「ドン五里兵」は、屈辱《くつじょく》に満ちたものだった。藩祖・伊達政宗《だてまさむね》の名前に傷がつく由々しき問題だった。

「何をやっているんだ」

一人の男が乗り出した。

細谷十太夫《ほそやじゅうだゆう》である。れっきとした仙台藩士。十太夫は主君側近の一人、偵察方である。

白河では威張りくさっていた侍が戦争になると、さっぱり役に立たない。どいつもこいつも恐れをなして逃げてくる。

言うなれば、侍の崩壊である。

兵隊は侍に限らず誰でもいい、腕っぷしが強ければ、身分は問わない。これしかないと十太夫は考えた。

長州藩の奇兵隊も、前身はこうしたものだった。

「今に見ておれ」

十太夫は、独自のゲリラ部隊の編制に踏み切った。

仙台藩の軍事局から資金を調達し、仙台から八人の暴れ者を連れて、須賀川町《すかがわまち》に入

り、柏屋《かしわや》という女郎屋の建物を借り受け、表に、

「仙台藩細谷十太夫本陣」

と大書した張り紙を出した。現在の福島県須賀川市である。ここに白河奪還作戦の本部があった。

須賀川までの道中、宿場の親分たちに声を掛け、何人かの若い衆を引き連れての須賀川入りだった。

「どうだい」

看板を前に、十太夫は鼻高々である。これを見てどんどん人が来る。

誰でも仙台の侍になれるというのだから、これは魅力である。

応ずる者が日に日に集まってきて、十日足らずで五十余人に達した。

十太夫は隊名を衝撃隊《しょうげきたい》と名づけ、揃いの衣装を須賀川の呉服屋に注文した。通称「鴉組《からすぐみ》」と呼ばれた。

法被《はっぴ》は墨染の木綿を用い、義経袴《よしつねばかま》、紺の脚絆《きゃはん》に紺足袋《たび》、黒兵児帯《くろへこおび》、紺木綿の手巾、すべて紺黒揃えの装束で、あたかも忠臣蔵夜討ちの扮装である。

「大将、大砲はどうなるんで」

掛田《かけだ》村の善兵衛が言った。

「ばかやろう、大砲などいるものか。夜襲だ」

十太夫が言った。なるほどそういえば、装束は黒ずくめである。

兵器は長刀に槍のほかは何も用いず、募集した五十七人の隊士を連れて、十太夫は須賀川を出発し、矢吹宿まで堂々の行進をした。

薩長から怖れられた細谷十太夫

沿道はどこでも大変な評判である。
「俺も入れてくれ」
と若者が集まってくる。
これぞ新しい夜明けだと、十太夫は実感した。
薩長の兵隊、指揮官は侍らしいが、一般の兵士は百姓、町民らしい。
奴らは命がけで戦っている。ならば仙台藩も鴉組で対抗しなければ勝てない。
「進め、進め」
途中で十余人の新人隊員があり、総勢七十人に達した。
これを一番から六番までの小隊編制とした。小隊長は、各地の宿場の顔役である。
棚倉藩兵も加わり、細谷十太夫の鴉組は、意気軒昂《いきけんこう》である。
細谷からすに十六ささげ

　　　なけりゃ官軍高枕

　とうたわれた。

「十六ささげ」とは棚倉藩主、阿部美作守《あべみまさかのかみ》の脱藩兵をさした。その人員は十六人である。鴉組は黒装束だったので、薩長の敵軍からは鴉の群れの遊撃隊として恐れられた。

　この頃、十太夫はどこからか鴉を一羽捕まえてきた。鴉はよくなつき、十太夫の肩にとまって、

「カー、カー」

　と鳴いた。

　戦が始まると、鴉は空高く飛んで高みの見物である。終わると戻ってくる。頭のいい鴉である。これで鴉組の評判は一層高まった。

　鴉組は夜な夜な白河近郊に出撃し、農家に食糧の徴発に来る薩長兵を闇討ちした。すばやく取り巻いて、咽喉《のど》を刺した。しかし数十人の兵力では限度があった。部隊との共同作戦が必要だった。

水沢兵、無惨な敗北

十太夫は仙台藩の作戦本部で、指揮も執った。

藩主の側近ということで、どこでも自由に出入りすることができた。

兵の増員が急務だった。仙台藩の北限、水沢の兵も動員された。

水沢は、現在の岩手県奥州市水沢区である。

水沢領主・伊達邦寧《だてくにやす》以下、四百五十余人が白河に向かうことに決し、軍事総督に当たる総宰に中目与惣兵衛が選ばれた。

戦争となれば、各家から一人、出兵の義務があった。親が高齢であれば、子供が出兵し、家督が幼い場合は、四十歳以上でも兵役の義務があった。

したがって、兵隊の年齢層にバラつきがあった。見渡すと、老人と子供が多かった。

親子の出陣もあった。

兵士の一人、吉田権兵衛は息子の源三と一緒だった。

「親父一人では出せない」

と息子も志願した。

同じ冨沢健一郎も息子の正太郎と一緒だった。

十五歳が二人、十六歳が四人、十七歳が二人、十八歳が四人もいた。

敵の兵は若者を中心とした精鋭部隊だという。これから銃弾が飛び交う戦場に出るのだ。犠牲者も出よう。留守《るす》一族の不安げな表情を思い出すたびに、邦寧や中目は責任の重大さをかみ締めた。

出兵に際し、全員が日高神社や塩竈神社、高麗《こうらい》八幡などに参拝し、武運長久を祈った。全員、紺か黒の木綿角袖の短衣と、紺の小袴をはいた。

見送りの家族は皆の前で、おんおん泣いた。

名門留守家の家臣団である。みっともない戦いはできない。主力は四小隊に編制した銃隊であった。五月三日頃から出兵、仙台川内《かわうち》の水沢屋敷に集結した。

水沢兵は岩沼、白石、桑折《こおり》と歩き、十五日に福島の軍事局に顔を出し、六月一日に須賀川に着陣、二日に矢吹の水沢本陣に到着した。

「水沢にはがんばってもらわなければならぬ」

仙台藩参謀・増田歴治《ますだれきじ》が顔を出して訓示した。

白河城奪還作戦は六月十二日から始まった。

水沢領主・伊達邦寧は、白河本道の「水沢本陣七曲山」に陣取った。

戦闘は激烈だった。

会津、仙台、米沢の連合部隊に加わった水沢二小隊が敵に包囲された。会津・米沢兵が金勝寺山の戦闘に敗れ、仙台の中島兵衛之介隊も敗走、水沢兵が取り残された。

第四小隊の星隊長が戦死、星に代わって指揮を執った小野伝右衛門も倒れ、水沢部隊は十七人もの犠牲者を出した。連発銃で四方八方から乱射され、防ぎようがなかった。

「逃げ方が下手だ」

十太夫は正直すぎる水沢兵に歯軋《はぎし》りした。敵の動きに応じて臨機応変に動くことが大事だった。

水沢城代家老の策謀

旧幕府時代、岩手県は仙台藩と南部藩（現在の岩手県中北部）に分かれていた。

仙台藩と南部藩の内陸部の境界は、和賀川《わがかわ》だった。

水沢生まれの民俗研究者・森口多里《もりぐちたり》の『日本の民俗岩手』によると、藩境は奥羽山脈の頂上を起点として東に延び、北上川を越えて北上山系を横断し、太平洋岸の唐丹《とうに》、現在の釜石市に達していた。

唐丹には仙台藩の番所があって、嘉永《かえい》六年（一八五三）に起こった三閉伊《さんへい》一揆では、南部藩の領民が番所を越えて、仙台藩に保護を願い出た。

南部と仙台では、言葉も風習も微妙に違っていた。

南部藩の人々はどちらかといえば保守的だったが、仙台藩の人々は、よく言えば進取の気性に富んでいた。

特に、水沢の人々に顕著《けんちょ》だった。

「水沢人が歩いたあとには草も生えない」と皮肉を言う人がいたほどだった。

懸命にがんばる人が多かった。

輩出した人材を見てもうなずける。

水沢から高野長英《たかのちょうえい》（江戸時代後期の蘭学者）、後藤新平《ごとうしんぺい》（明治以降活躍した政治家）、斎藤実《さいとうまこと》（政治家・第三十代内閣総理大臣）、多彩な人材を生んでいる。

水沢の人々は、独立の気風があり、藩として認められていたわけではないが、水沢藩と呼ぶ人もいた。別に櫓《やぐら》があるわけではないが、領主である留守家の住まいを水沢城とも呼んでいた。

その理由はいくつかあるのだが、多分に先祖である留守家の格式の高さであった。

もともとは関東の武将であり、平泉を攻めた源頼朝軍団の重要メンバーとして、奥羽に来たのが最初だった。平泉占領後、葛西《かさい》氏が軍事を担当、留守氏が行政を担当し、奥羽を治めた。

伊達家は、はるかその下だった。それが逆転して伊達家の配下になり、留守ではなく伊達を名乗ったが、正直なところ留守姓を続けていたかった。

かつては伊達家より上だという無意識の誇りが、水沢の家中にあった。

幕末、水沢二十六町に四百一軒の士族屋敷が散在し、周辺の村々には足軽屋敷があり、八百五十七人を数えた。

その水沢軍団が、白河で無様な敗北を喫《きっ》したのである。このまま戦闘を続ければ、犠牲者は増える一方である。

「はて、いかが致すべきか」

留守を預かる水沢城代家老・小幡源之助《こはたげんのすけ》は、

「何か妙案はないものか」

と皆に問うた。

「これは南部藩の名前を使うしかござるまいな」

と言ったのは、御用商人の赤井良平だった。

それは南部藩が列藩同盟を裏切り、水沢に攻め込むという謀略だった。

南部藩の重臣が聞いたならば、「何だと」と目をむく話だったが、白河から無事、兵を引き揚げさせるには、これぐらいの策が必要だということで、話はまとまった。

早速、城下に偽《にせ》の情報を流した。

南部藩が攻めてくるという噂は、たちまち領内に広がった。

「白河から息子を早く返してくだされ」

小幡のもとに陳情が殺到した。

南部藩への不信感

矢吹の水沢軍本陣もこの戦争に疑問を抱き始めていた。官軍参謀を斬ったのは間違いではなかったのか、そうした声が出ていた。そこに南部藩が列藩同盟を裏切り、水沢との藩境に兵を進めたという知らせは、誠に都合のいいものだった。

「これは一大事、即刻、水沢に帰る」

主君・邦寧が決断した。

南部藩裏切りの理由は、奥羽鎮撫総督の九条道孝が仙台から水沢に至り、三日間滞在して五月二十八日出発、盛岡に滞在しているが、やがて秋田に向かう気配であること。

秋田藩には平田篤胤《ひらたあつたね》の遺風をつぐ勤王党があり、藩主・佐竹義堯《さたけよしたか》も勤王に傾いている。秋田藩と同じく南部藩にも勤王派が根強いので、いつ奥羽越列藩同盟に違約するか分からない。

そこで探偵の結果、南部藩の動きが不穏となり、同盟離脱の公算大になったというのであった。

南部藩と水沢は微妙な関係にあった。

水沢の人々は南部藩に不信感を持っていた。それは南部藩領で発生した大一揆が原因である。

幕末時の南部藩主は、農村は凶作続きだというのに城内に派手な御殿を次々に造ったりして、税の取り立ても苛酷《かこく》だった。

かくて一揆が頻発《ひんぱつ》し、黒沢尻《くろさわじり》の農民が仙台藩領に越訴《おっそ》した。

仙台藩は穏便な処置を求めたが、南部藩は越訴した首謀者を領内に引き取ると首を刎《は》ねてしまった。

騙《だま》された仙台兵

引き揚げの水沢兵は六月十九日払暁、矢吹の本陣を出発し、本宮《もとみや》、瀬上《せのうえ》、越河《こすごう》、白石、岩沼を経て仙台川内の水沢屋敷に戻った。

「何たることや。南部が裏切ったと、どうもおかしい」

十太夫は仙台に問い合わせた。

捏造《ねつぞう》だと分かったときは、手遅れだった。水沢兵の姿は白河から消えていた。

「ひどい話だ、名門留守家が聞いてあきれるわ」

十太夫は舌打ちした。

邦寧は仙台に滞留し、家老・中目与惣兵衛が全軍を率いて七北田《ななきた》、金成、前沢を経て、五十日ぶりに水沢に帰った。

翌日から南部との藩境に兵を出し、防備を固めた。一関藩は大砲二門を貸与した。

猟師隊も編制され、特別訓練をするなど、警備に万全を期した。しかし、南部藩に、攻め込んでくる兆しはなかった。

もともと、水沢城代家老・小幡源之助が藩主・邦寧の母堂貞教院（留守伊予子）の了解のもとに考えた作り話である。

源之助はすでに七十歳をこえ臥牛城（水沢城）の元老だった。白河で戦死者が出たことに驚き、一日も早い戦争終結を望んだが、終結の見込みはなく、南部藩に悪者になってもらった。

仙台の軍事局をもまんまと騙《だま》し、引き揚げに成功した。

これを知って留守一族は大喜び、帰還した将兵は、狐《きつね》につままれた様子だったが、恐ろしい戦場から逃れることができ、「さすがは城代家老さま」と最敬礼だった。

後日、このことを知った南部藩の人々は「水沢人は油断も隙《すき》もない」と、ため息をついた。

このとき、後藤新平は十二歳、奥小姓だった。将兵が帰ってきたので、

「勝った、勝った」

と喜んだが、大勢の戦死者がいて驚いた。ほどなく今度は秋田藩が本当に裏切り、秋田に兵を出す羽目になった。

最後は仙台藩が負けてしまい、水沢の家臣は、家禄はもちろん刀も脇差も奪われ、

新平はおいおい泣いた。

裏切りの連鎖

五月二十六日から五回にわたる白河奪還作戦が行われた。

仙台藩にも、列藩同盟の盟主としての誇りがある。

ところが、まったくツキがなかった。

いつも雨降りで道は膝まで没し、各隊の進撃は大幅に遅れ、夜半になっても奇襲部隊が白河にたどり着かない。夜は次第に明けてくる。

仙台藩は須賀川に本営を構えており、そもそも須賀川から出兵することに無理があった。距離が遠すぎた。

前日までに白河の近郊に迫り、攻撃する段取りでなければ無理だった。

戦闘が始まると、逃げ出す兵がいた。

「勝手に退去した者は首を斬る」

十太夫は怒鳴った。上級武士ほど姿が見えなくなるのだ。参謀たちは責任のなすり合いである。

十太夫は、アホらしくなって部下を率いて遊郭に駆《か》け込んだ。

「奴らは思っていた以上に強い。仙台の機械では勝負にならん」

仙台の上層部は吐き捨てるように言った。

機械というのは、小銃、大砲の火器のことである。射程も短く敵の兵士は、それを知ってあざけるように眼の前まで攻め込んできた。彼らの小銃は元込めの連発銃なので、まるで雀でも撃つようにバタバタとやられてしまった。無念というほかはなかった。

白河を回復することはもはや絶望的だが、三日でも四日でも須賀川で抵抗しなければ、すぐ二本松が危なくなる。会津も危険になる。ここは自分が犠牲になっても、須賀川に踏み留まらなければ仙台の面子《メンツ》がたたない。

十太夫は大いに焦《あせ》ったが、どうにもならない。

漂った厭戦《えんせん》気分は止めようがない。

仙台兵のやる気のなさを察知して、敵は二本松を攻める様子である。二本松を奪われると、次は福島、福島が破られれば、仙台平野に敵が侵入してくる。

そうなれば、戦争は終わりだ。仙台で市街戦はありえない。

そこへ、三春藩（現在の福島県三春町）が列藩同盟を裏切って薩長に加担したという連絡が入った。

「まったく、とんでもない連中だ」

十太夫は大いに怒った。三春は敵に内通しているとの噂が以前からあった。

二本松城、炎上

十太夫はこれを許すことはできない。

早速、三春攻撃に向かった。

仙台の侠客《きょうかく》・源吉の養子、川村今助の率いる農兵隊と仙台藩三浦隊も加わり、南方にまわり、三軍で三春藩への攻撃を開始した。

突然、三春兵が物陰から撃ってきた。

不意をつかれて川村、三浦の両隊長が戦死し、鴉組も薩長軍の先鋒隊と三春軍に挟撃され、かろうじて山手に退却した。

三春兵だけならどうということもないのだが、薩長が加わっているので始末が悪い。敵は雨あられと銃撃してくる。これではとてもかなわない。一目散に逃げた。

十太夫は気分が滅入った。体はガタガタ、こうなったら温泉で疲れをほぐすしかない。

十太夫はさっさと郡山から熱海《あたみ》温泉場に向かった。

温泉場に仙台藩兵も続々逃げてきていた。どれも皆、士気阻喪《しきそそう》して戦意あるものは一人もいない。二本松には敵が充満し、とても近寄れない。

どうするか。

皆の話は逃げることばかりである。負け戦はしたくないものだ。

十太夫は仙台藩の幹部とこれからのことを協議するために、山沿いの道を通って福島に向かった。

仙台兵はなぜこうも弱いのか。

十太夫は自問自答した。

二本松の奥座敷《おくざしき》、岳《だけ》温泉の辺りに来たときだった。

「ああ」

十太夫は天をあおいで嘆息した。

二本松城に火の手があがり黒煙がもうもうと天をおおっている。

商家の人や近郊の百姓が荷物を背負って、どんどん逃げてくる。

福島に近づく頃には老幼男女、お互いに手を引き合って逃げてくる。その数は何百人、難民の列である。

「何たることか」

十太夫は眉を曇《くも》らせた。

第四章　孤立無援の二本松少年隊

黒煙上がる

二本松藩も白河に百五十人の兵隊を出していた。農兵、人夫も加えると五百人を超える兵団だった。

仙台藩と会津藩から出兵を催促され、逃れられない運命にあった。奥羽の諸藩はどこも薩摩、長州とは無縁だった。

首席家老・丹羽丹波《にわたんば》が自ら軍事総督に就任し、重臣もこぞって参戦した。

二本松勢が白河の手前の矢吹まで来たとき、砲声が響いた。それで初めて戦争が始まったことが分かった。

「それいけ」

と駆《か》け足で行軍をすると、前方から敗残の兵が見るも無残な姿で落ちてくるではないか。二本松兵は愕然《がくぜん》となった。負け戦だというのである。

「殿に知らせよ」

早馬が二本松に向かった。丹羽丹波は少数の兵を白河に向かわせ、仙台藩と今後の対応を協議するため、一部を須賀川《すかがわ》の陣営に残し、二本松藩境の笹川まで引き返し、守備を固めた。笹川は現在の郡山市である。

白河は落城という大変な事態である。一体、どうなるのか、思いもよらぬことになった。

兵を送り出した二本松の人々は勝利を確信していた。しかし戦闘が始まって数時間しかたたないうちに、白河から早馬が砂塵《さじん》をあげて駆け込み、負け戦だと伝えた。怪我人が多数、死者も多く出ているという。そのうちに仙台の怪我人が駕籠《かご》で次々とたどり着き、二本松の医院はたちまちいっぱいになり、後方の福島に転送される患者もいた。

夕刻になって、ようやく戦闘の模様が明らかになった。

敵の大砲の威力はもの凄く、城にも雨あられと砲弾が飛び込み、あちこちで収拾のつかない大混乱に陥《おちい》り、白河城は奪われてしまった。

戦争どころではない。二本松兵は、傷ついた仙台兵の搬送に追われた。

臆病そのものの仙台兵

二本松の人々は戦争の恐ろしさを、敗残兵となった仙台兵の姿を通して実体験した。

仙台藩参謀の坂本大炊《さかもとおおい》は砲傷数ヵ所、加えて弾丸三発が体中に留まり、半死半生の体で、駕籠に乗ることができず、細引きで体を駕籠にしばりつけて通行して行った。

供の話だと、四月二十九日に白河に到着、ひとまず落ち着き、ほっとして気がゆるんでいたところを敵軍に襲われたというのだった。

三日の昼頃、仙台七小隊が二本松に止宿した。そこに大隊長・瀬上主膳《せのうえしゅぜん》の顔もあった。

仙台兵の臆病は聞くに堪《た》えぬものがあり、大野屋に泊まった兵士たちは到着するやいなや四方を見渡し、

「裏は山なので逃げ道がない。万一、敵軍が入り込み、町に火を放てば、焼け死んでしまう。そのときは早く誘導致せ」

と、真顔で宿の番頭に言った。

番頭が二本松までは敵は攻めては来ないので、今夜はぐっすり眠ってもらいたい、と言うとはじめて安心した。

郡山でも同じような話があった。郡山に泊まった白河の敗兵が笹川の方角から砲声が聞こえると、刀も持たずに裸足《はだし》で逃げ出したという。

仙台兵は戦闘の経験がないため、経験豊かな薩長兵に完膚《かんぷ》なきまでに叩かれた。

仙台兵は不用意に飛び出し、狙撃された。これは訓練の差であり、実戦を経験したか否かの違いであった。

白河奪還作戦は失敗の連続

その後、数回にわたって行われた白河奪還作戦も、失敗の連続だった。

原因は武器の差も勿論《もちろん》あったが、各部隊の連携《れんけい》の悪さにあった。

勝手バラバラに出撃するのである。

加えて、会津兵と仙台兵の双方に依頼心があった。会津藩は仙台の精鋭《せいえい》が加わったことで、依存心が生まれ、仙台は仙台で、実戦の経験豊かな会津藩と一緒であれば、大船に乗ったも同然と決め込んだ。それが全然、功を奏さなかった。

奥羽の諸藩を戦争に引き込んだのは会津藩である。もっと責任を自覚してほしいというのが、仙台や二本松の率直な言い分だった。

結局、何度攻撃しても白河城は奪還できなかった。

不運なことも重なった。突撃しようとすると、空が真っ暗になり、ざぁーっと雨が降ってくるのだった。

雨になれば火縄銃は使えない。火縄銃が多い同盟軍は決定的に不利だった。同盟軍は天候にも見放された。それを見越したかのように、敵兵は連発銃を乱射し、次第に二本松に迫ってきた。

まさかの事態だった。

仙台は藩境に兵を引き揚げ、会津も自国を守るのが精一杯だった。

二本松は孤立無援、敵を迎え撃たなければならなかった。

少年隊出撃

二本松藩は少年にも動員をかけた。

少年たちの面倒を見たのは、砲術師範の木村銃太郎《きむらじゅうたろう》だった。銃太郎は、著名な砲術家、伊豆国韮山《にらやま》を本拠とする江川太郎左衛門《えがわたろうざえもん》の塾に入り、洋式の砲術を修業して帰国したばかりであった。銃太郎は二十五人ほどの少年に訓練を施した。

城下から二里、阿武隈川《あぶくまがわ》を見下ろす丘陵に陣を張り、谷を隔てた小高い丘を敵陣に見立てて、少年たちは草むらに伏し、崖をよじ登り、「わー」と突撃した。顔を擦《す》りむき、手足に生傷が絶えなかったが、少年たちは銃太郎の号令のもと、独楽鼠《こまねずみ》のように山中を駆けまわった。

七月初旬になると、味方の敗報しきりで、二本松の藩境、本宮《もとみや》付近まで敵軍が押し寄せたという知らせがくる。

慶応四年（一八六八）七月二十六日の朝、にわかに銃太郎の塾にも出陣の命が下った。隊員の一人、水野好之《みずのよしゆき》は、当時十四歳の少年だった。

両親が門出を祝い、新しい両刀を贈ってくれた。

「出征の上は敵を討つか、おのれが討たるるかこの二つなり。決して敵に後ろを見せるな、必ず人に後れを取るべからず」

両親に戒められ、家を出て銃太郎の塾に集合し、「ライフルの大砲」一挺と小銃元込と軍用金一両三分を渡され、総勢二十五人、銃太郎に従って大壇口《おおだんぐち》に出陣した。

その地形を見るに一軒の人家あり、その側面に杉数本があった。右手は竹藪《たけやぶ》に続いて畑地になっており、杉の木の中間に大砲を据《す》えつけた。

少年たちはその左右に布陣した。身を隠すところがないため枠木を打ち込み、横に丸木を渡し、これに畳二枚を重ね、縄でくくりつけた。

「敵のヘロヘロ弾丸がなに、この畳を貫通するものか、これにて大丈夫」

と、少年たちは勇ましかった。

七月二十八日、本宮口、三春口がすでに破られたので、二十九日には必ず敵の襲来あるべしとの警報があった。

二十九日朝、霧のなか三春兵を先頭に、敵が群をなして押し寄せてきた。即座に大砲の位置を変え、集団めがけて発射したところ、見事にその頭上に三発が爆発した。

敵はにわかに散乱して左右の山林に駆け入り、巧《たく》みに所在をくらまし、見る間に、大砲小銃を撃ち出してきた。

大砲は付近の松林に命中し、高い砲弾は凄《すさ》まじき勢いで松の木を折り、低い砲弾は眼前の畑地道路に落ちて土砂を巻き上げた。

小銃の遠いものは「クーン」、それより近いものは「シュー」という音がした。もっと近いものは音がなく、耳のあたりを掠《かす》め去った。

「にくむべき仕業《しわざ》かな、目にもの見せてくれんず」

と、敵がひそむ民家を射撃すると、見事命中し、敵が逃げ惑う姿が手に取るように見えた。しかし敵の砲撃は一段と激しくなり、味方にも命中した。やむなく竹藪に避難した。

撃たれた隊長の首を斬る

竹の幹に銃弾が当たり、ガラガラと物凄い音を立てた。

そのとき、「隊長撃たれたり」と悲鳴があがった。

水野が慌《あわ》てて駆けつけると、弾丸は銃太郎の左の二の腕を貫通していた。どくどくと血が流れる。隊長の顔が苦痛にゆがんでいる。かねて用意していた白木綿で傷口を巻いた。

「今はこれまでなり」

と、銃太郎は大砲の火門に釘を打ち込み、自ら小高い所に上って、合図の太鼓を打ち鳴らした。これを聞いた少年たちは、遅れまいと集合した。

周辺には味方はおらず、少年たちだけだった。

銃太郎は悠揚《ゆうよう》迫らず、

「この重傷にてはとうてい城には入り難し。はやくわが首を取れ」

と命令した。少年たちは、

「隊長の負傷は軽傷なり、余らの肩にすがりて退却せられよ」

と言ったが、隊長は、

「いたずらに押し問答するときにあらず、早く早く」

と、首をさし伸べた。

敵がどんどん迫ってくる。

副隊長の二階堂衛守《にかいどうえもり》が声に応じて、太刀を引き抜き、上段に構えて斬り下ろしたが、手許が狂い、三太刀目にてようやく打ち落とした。

少年たちは、あまりの恐ろしさに顔をそむけた。

これを持ち帰ろうとしたが、一人の力では重くて運べない。

髪を左右に分かち、二人で持って城門の入り口まで来ると、敵がすでに占領していて入城できない。

少年たちは、どうしたらいいか、判断に迷ってしまった。

卑劣《ひれつ》きわまりない銃撃

歴代藩侯が眠る丹羽家の菩提寺、大隣寺《だいりんじ》に少年たちは向かった。

寺の前の広場に数十人の兵士がいた。しきりに手招きしている。

やれ嬉しやと近づいたところ、なんと敵で、筒先揃えて撃ち出す弾丸に、副隊長をはじめ数人が射殺された。

負傷して、生け捕りになる者もいた。

まるで鶏を撃つような薩長軍のやり方だった。

薩摩兵か、土佐兵か、あるいは三春兵か、卑劣《ひれつ》きわまりないやり方だった。

水野ら数人の少年は必死で逃げた。

このとき城は、凄まじい音を立てて燃え、家中屋敷も処々に火の手があがり、敵味方入り乱れて、斬り合っていた。

少年隊はもとより決死の覚悟だったので、敵を見かけては突貫《とっかん》し、次々に戦死していった。強運と言おうか、水野は被弾しなかった。一人になった水野は、活路を求めて西谷の山に入ると、そこで四人の少年に出くわした。

「がんばろう」

と声を掛け合い、五人で塩沢村《しおざわ》に向かい、農家に食事を乞うと、そこの婦人がねんごろにいたわってくれ、麦飯を炊いて食べさせてくれた。

その上、弁当までつくってくれた。涙が出るほどありがたかった。

主君は米沢に向かったはずだ。主君の後を追おうと、岳《だけ》温泉を経由して土湯《つちゆ》にたどり着くと、十数人の会津藩の兵隊に出会った。

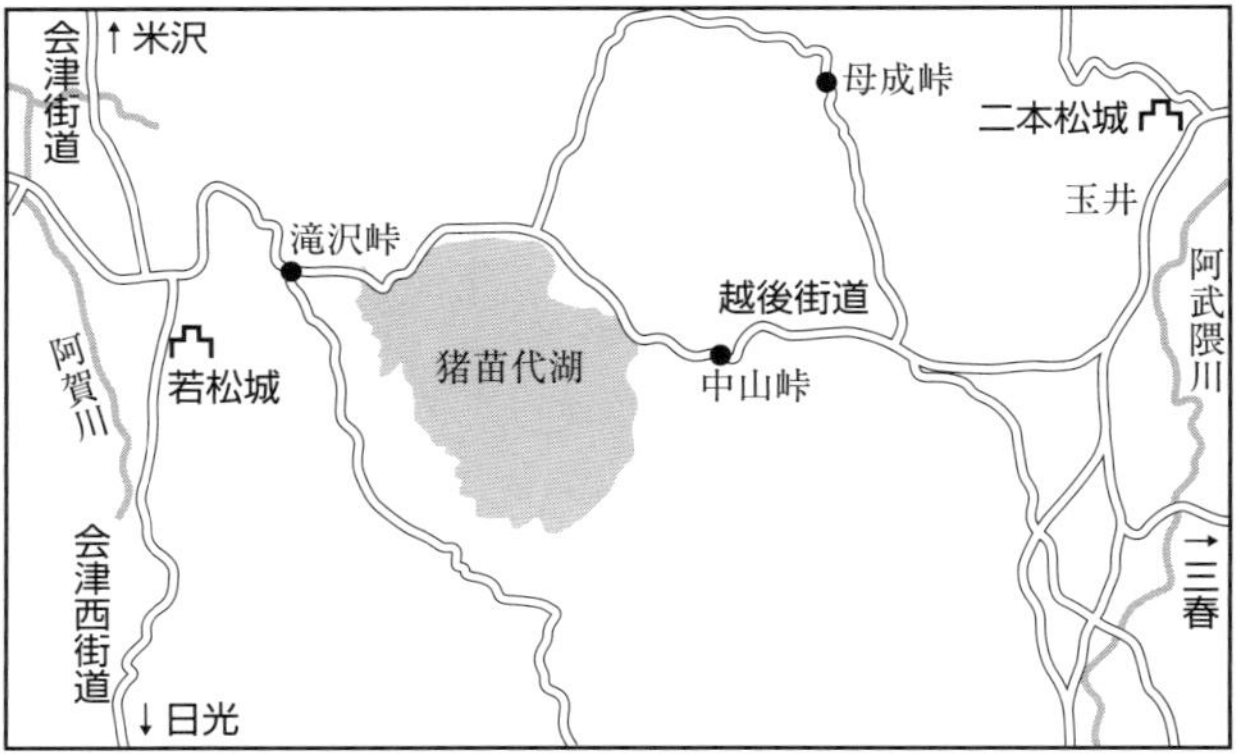

二本松から若松への道のり

「二本松の兵隊か、頑張ったな」

と声をかけてもらい、会津兵に連れられて中山峠を越えて会津領に入ると、そこに二本松藩の家老・丹羽丹波をはじめ二、三十人の藩士がいた。

「これで助かった」

と安堵《あんど》した途端《とたん》に疲れが出て、水野は眠り落ちた。

少年たちは番頭《ばんがしら》・大谷与兵衛の部下となり、会津の関門、母成《ぼなり》峠の守備につくという。

ここからは相当の距離がある。来た道を戻り、延々と歩いた。

青息吐息《あおいきといき》、必死の思いで母成峠に着くと、あちこちに幾棟もの兵舎が建っていた。

二本松兵には一棟が貸与され、そこに入った。

兵舎はすべて丸太小屋で、屋根は萱《かや》、土間には藁《わら》を入れ、その上に筵《むしろ》を敷いて寝起きした。兵舎とは名ばかりで、ただ風雨を凌《しの》ぐだけだった。食事は三度とも味噌汁と握り飯だけで、七日に一度だけ行商が塩鮭、飴菓子などを携《たずさ》えてやってきた。

峠の防御《ぼうぎょ》陣地はここから一里余の所にあり、第一を板橋《いたばし》、第二を勝岩《かついわ》（猿岩）、第三を中軍山《ちゅうぐんさん》、第四を萩岡《はぎおか》といった。いずれも高い所には塹壕《ざんごう》を設け、低い所には土手を構築して胸壁とし、所々に砲台を設け、塹壕と胸壁の上には一尺くらいの石を配置し、敵兵が肉迫したら石を転げ落として粉砕《ふんさい》せんとするなど用意周到なものだった。

またも敗退

八月十九日、敵を攻撃すべく二本松の領土玉《たまの》井《い》村へ出陣の命令があった。少年たちは大いに喜び、

「玉井村より二本松までは二里余りなれば、敵を撃退して二本松城を恢復《かいふく》せん」

と雀躍《じゃくやく》して出陣した。敵は玉井村の山ノ入に前線基地を設けていた。

少年たちは高台の要地に配置した。玉井村を眼下に望み、戦闘の景況が手に取るように見える場所である。

出撃したのは大鳥圭介《おおとりけいすけ》の旧幕府伝習兵と会津兵、二本松兵、それに引き揚げる途中の仙台兵だった。

正確な数字は分からないが、少なくとも二百前後の兵が向かったと見られる。洋式部隊の伝習兵と会津兵、仙台兵である。必ずやここを突破して二本松に攻め入るものと、少年たちは目を凝《こ》らした。

正面攻撃の伝習兵が銃撃を加えると、敵も猛烈に撃ち出した。

戦闘は壮絶な撃ち合いだった。

一進一退、手に汗にぎる戦いだった。

首級《くび》の髻《もとどり》を提《さ》げて走る者、負傷者を肩に担ぎ、あるいは足に負傷して刀を杖とする者など、両軍の死闘は、言いあらわしようのないものだった。しかし、敵は援軍を送ってくる。ついに敗走を始めた。

少年たちは驚き慌て、またまた死に物狂いで、母成峠を目指した。

三藩の兵頼むに足らず

この日、大鳥は会津藩幹部との打ち合わせで、猪苗代《いなわしろ》に出かけていて不在だった。大鳥は兵の補充ができないので、二本松攻撃には反対していた。

母成峠に近い木地小屋《きじごや》に戻った大鳥は「しまった」と思い、峠の頂上から前方を見ていると、味方の兵がボツボツと戻ってきた。

「敵襲い来り、味方敗れ、引き揚げた」

と力なく答えた。

「伝習兵はどうした」

と聞くと、

「伝習隊は正面に出て戦ったので、多分後より引き揚ぐべし」

ということだった。

詳細を問いただすと、戦闘は正午頃から始まり、伝習兵が正面を受け持ち、会津兵と仙台兵は右翼を守り、二本松兵が左翼についた。

ところが右翼、左翼の兵が弱く、支えきれず逃げ出したので、伝習兵は両翼から攻撃にさらされ、大苦戦になった。伝習隊は頭取の浅田鱗之助が重傷を蒙り、兵士死傷およそ三十人を出した。

兵士たちは敵に追われ三里余りの山路《やまみち》を疾走《しっそう》したので、頑強な兵でさえも吐血《とけつ》した。足を捻挫《ねんざ》する者、疲労困憊《こんぱい》し、昏倒《こんとう》する者もいた。

少年たちは疲れ果て、次第々々に遅れていく。

足が一歩も前に出ず、水野は敵に捕らわれるのも時の運不運と、草叢《くさむら》のなかに腰を据え、休んでいるうちに眠り落ちた。

水野は後年、自分の回想録『二本松戊辰少年隊記』に、その苦闘を描いた。水野が描いたのは、生々しい戦争の実態だった。

肉破れ、血流る敗走

母成峠にやっと戻った水野ら少年たちは、大砲陣地の背後にある木地小屋に割り当てられた。

八月二十一日暁、ついに敵軍が母成峠に攻め寄せた。

霧が深く立ち込め、何も見えない。にもかかわらず敵軍の砲撃が始まった。

母成峠が破られれば、敵はたちまち若松城下に殺到する恐れがあるため、三つの砲台を築き、堅固な防御工事を施してあった。しかし、霧のために砲台はまったく機能しなかった。

意外にも勝敗を決めたのは、石筵《いしむしろ》村の農民の嚮導《きょうどう》だった。

農民たちは先導をつとめ山中に分け入り、山を越え、谷を渉《わた》り、砲台の背後に出て、防御陣地に突貫《とっかん》した。

会津兵が石筵村を焼き払ったことに対する報復だった。

不意討ちを食らった会津兵は周章狼狽《しゅうしょうろうばい》、防御《ぼうぎょ》の陣地は総崩れとなり、先を争って退却する結果になった。

会津軍は藩境の集落を焼き討ちする作戦で臨《のぞ》んだ。敵の宿舎を絶つためだった。しかし、焼かれた側は強い憎しみを抱き、会津兵を徹底的に恨んだ。

またも少年たちの必死の逃避行が始まった。

少年たちは土地勘がないため、ただ足に任せて山奥、山奥へと分け入った。やがて地竹藪《じだけやぶ》に差し掛かった。これを突破しようと足を踏み入れると、叢生《そうせい》した大枝、小枝に草鞋《わらじ》をからめとられ、跣足《はだし》になってしまった。肉は破れ、血が流れた。痛いなどと言っている場合ではない。歩行の難渋《なんじゅう》は言語に絶するものがあった。

やがて雨が降ってきた。日は暮れ、進退ここにきわまれり、とある大樹の下にたたずんで一夜明かすことにした。

人里離れた山奥なので、聞こえるものは立木を渡る夜風と谷川の水の音ばかりである。

夜風も収《おさ》まった夜半、怪しい響《ひび》きが聞こえた。

それは狼《おおかみ》の声だった。一同怖気《おじけ》立って、一睡もせずに、朝を待った。

こうして少年らは若松近郊にたどり着いたが、激しい砲声と黒煙が高々と上がり、とても入れる状態ではない。

少年たちは命からがら、主君がいる米沢の方向を目指した。

どの顔も生気なし

主君・丹羽長国《にわながくに》の一行は、すでに米沢へ着いていたが、その逃避行もまた無残なものだった。

敵軍が二本松城下に入った段階で、もはや城は守れないと判断、主君とお付きの人々は城を抜け出した。たちまち黒煙が天にのぼり、落城を知った。

藩士も続々、主君の後を追ってきた。その数は二百人を超えた。人々は主君の駕籠を囲み、福島の奥、庭坂《にわさか》にたどり着いた。ここで奥方と合流した長国の一行は、夕刻、李平《すももだいら》の本陣に着いた。

李平は幕府領で米沢と福島を結ぶ宿駅である。十数軒の人家があり、一行はここに分宿した。

夜半から雨になった。

道を急ぐため暗いうちに出発し、ぬかるみのなか泥だらけになって板谷《いたや》宿を目指した。鼻をつままれても分からない真っ暗闇である。峠の登りは死ぬ思いだった。そのうち白々と夜が明けてきた。

そのとき急に産気《さんけ》づいた女性がいて大騒ぎになった。

野天のお産である。

赤子は小川の水で洗い、産婦もそのまま歩き出すといった具合だった。

ようやく米沢の関門、産ヶ沢に着いたときは、全員、疲労困憊し、今にも倒れそうだった。雨に打たれて体は冷え、加えて敵に追われているという恐怖感で、どの顔も生気はなかった。

しかも、意外なことが起こった。

米沢藩との間で十分な根回しがなかったものと見え、足止めを食ったのだ。

どうなるのかという失望のあまり、重臣・丹羽新十郎の妻きみが自殺を企てた。周りが止めたが、夫が城内で自刃したことを知ってのことで哀れだった。

やっと入国が許され、板谷宿に泊まることができたのは、夜になってからのことだった。

負け戦の悲哀は筆舌《ひつぜつ》に尽《つ》くせぬものがあった。

二本松に戻り、奪還すべしという声も強く、仙台兵、米沢兵も加わり決死隊が編制され、深夜、二本松に向かって進撃したが、武器も弾薬もない。散々に打ちのめされ四散した。

裏切った三春藩の言い分

同盟を離脱した三春藩の大義名分は、どのようなものだったのか。

『慶応三年三春太平記』という日記がある。

三春藩にとっての大問題は、薩長軍の進撃だった。磐城平《いわきたいら》城を攻め落とした薩長軍は刻々、三春に近づいていた。

このとき、三春には会津兵六十余人、仙台兵五十余人、福島兵六十余人がいて、前方で迎え討ったが、蹴散《けち》らされて常葉《ときわ》、船引《ふねひき》村を逃げ回った。

この知らせに三春の町は大騒ぎとなった。

町が焼かれてしまうと、荷物を担いで避難を始めた。

三春藩主・秋田万之助《あきたまんのすけ》は当時十一歳、家臣たちは幼君を守って近在に逃げ延びた。城下を守る三春藩兵は多く見ても百人足らず、

「戦うか、逃げるか、降参するか」

であった。三春藩は当初から、ふたまたをかけていた。奥羽越列藩同盟に加盟しながら京都に家臣を派遣し、恭順を誓っていた。

仙台藩はそんな三春藩を警戒していたが、その間、隙《すき》を縫《ぬ》って江戸御留守居役・吉見連蔵が平に向かい、鳥取藩や大村藩（現在の長崎県大村市）と接触、すでに恭順で合意を得ていたのだ。

仙台藩はそれに薄々感づき、再三詰問したが、いつも恭順を否定し、最後まで戦うと言い続けた。

都合のいいことに会津、仙台兵が蹴散らされてしまったので、薩長軍は抵抗するものなく、三春に進攻してきた。

「官軍、太鼓、笛にて二千人ほど、人足、荷物多く玉薬沢山《たまぐすりたくさん》なり、家中、町屋は人多く、市のごとく賑《にぎ》わいけり」

と、「思ひ附阿津免草《あつめぐさ》」（『三春町史』）にあった。

いわば計画的な同盟離脱だった。

そして慶応四年（一八六八）七月二十六日には、三春兵が案内して二本松攻撃作戦が発令され、二十九日の総攻撃で二本松城は落城した。

「三春狐にだまされた」

当時、はやった歌がある。

会津猪、仙台むじな、
　三春狐にだまされた
会津桑名の腰抜け侍、
二羽の兎はぴょんとはねて
　三春狐にだまされた

二羽の兎は、二本松藩・丹羽氏を意味した。ともあれ三春藩は、したたかで狡猾《こうかつ》だった。

三春藩士・河野広中《こうのひろなか》に至っては、

「我輩はこの一戦ほど人を沢山にブチ斬ったことはない。二本松藩の死者の数三百人」と、後年周辺に語っていた。

こういう神経の持ち主が、後の自由民権運動の闘士になったというのだから、自由民権運動も怪しげなものである。

戦争は、勝ち戦でなければ人はついてこない。

仙台、会津の旗色が悪いからと、三春は官軍についた。仙台も会津も反論はできなかった。

『慶応三年三春太平記』は、こう締めくくっている。

天下は泰平《たいへい》と治まり、目出度く万民悦《よろこ》びける。三春藩は上首尾《じょうしゅび》にして、戦場の討ち死にと怪我人一人もなく、誠に無事なりける。天朝に弓を引く事本意にあらず。先陣に進まず故、無事なり。町屋は一軒も焼失なし。

死者も怪我人もなし、焼失家屋なし、確かにめでたい限りではあったが、それでは三春が正しい選択をし、二本松の人々は誤《あやま》った道を選んだのかというと、そう単純に言えるものではない。

私は明確な答えを出せずにいるが、今も二本松の人々の胸には、複雑な思いが残っていることは確かである。

仙台鴉組《からすぐみ》の奮闘

二本松を通過して、福島にたどり着いた細谷十太夫《ほそやじゅうだゆう》は、愕然《がくぜん》として座り込んだ。敵が攻めてくるという噂が先行し、街道筋の戸障子は開け放たれ、町屋の人々はどこかに姿を隠し、町内の多くは空き家となっていた。

駕籠を雇わんとしたが一挺もない。やっと人夫を見つけ、それに乗って白石の本陣に出向いて委細を報告した。このような状況なので、君公をはじめ各役人も、白石を引き払い、皆、仙台へ引き揚げてしまった。

「なんとも逃げ足の早いことだ」

十太夫はなかばあきれ気味である。

それから瀬上《せのうえ》宿に行き、仙台から繰り出した新兵に瀬上を固めるよう指示し、福島に戻ると、相馬《そうま》藩（現在の福島県相馬市）が裏切ったという。

どこもかしこも裏切りである。

どうしてこうも奥羽人は意気地《いくじ》がないのか。十太夫は情けなくて仕方がない。

相馬は仙台と藩境を接している。ここを破られたら仙台はたちまち火の海になる。

十太夫は昼夜兼行で、八月九日、相馬藩境の駒ヶ嶺《こまがみね》に到着した。

ここの戦場は、敵味方の距離が接近し、わずかばかりの水田を隔《へだ》てて互いに銃火を交えている。

「まともに撃ち合っては駄目《だめ》だ、頭を使え」

十太夫は事細かに戦法を指示した。戦争は指揮官の善し悪しで決まる。十太夫は白河で戦争のやり方を学んだ。敵の裏をかくことが肝心である。

強力な兵団に出会ったときは、逃げることも必要である。その辺の見極めが大事なのだ。

戦争とは、双方の騙《だま》し合いなのだ。

これまでは山手方面に比較的少数の兵を置き、海浜に多数の兵を配置していた。

十太夫はこれを逆にし、山手には多数の兵を配置し、海浜に少数の兵を置いた。敵は作戦を変更したことを知らず、手薄と見て山手方面に打ち掛かってきた。これは、十太夫の思うつぼだった。

敵兵を包囲し、散々打ち負かし、大勝利を得た。

「やっぱり鴉組《からすぐみ》だ」

十太夫は英雄である。

白河では連戦連敗だったが、相馬口は互角の戦いである。八月十二日、旗巻峠《はたまき》の戦では、一方的に敵軍を撃破した。

「勝った、勝った」

十太夫は小躍《こおど》りした。

第五章　略奪、暴行の軍隊

平《たいら》が落ちれば、次は相馬

相馬は、現在の福島県の浜通りの最北部、宮城県との境に位置し、伝統行事の相馬野《の》馬追《まおい》で知られる城下町である。

平は浜通りの南、茨城県に近い。現在のいわき市である。

磐城《いわき》平城は、井伊直弼《いいなおすけ》の横死後、幕政を担った安藤信正《あんどうのぶまさ》の居城であった。磐城平藩も列藩同盟に加盟し、安藤信正自らが指揮を執っていた。

平には仙台、相馬藩も援軍を送り、三千の兵で戦ったが、榴弾《りゅうだん》が雨のように撃ち込まれ、防ぐ手立てはなく、圧倒的な火力の差で敗れてしまった。

平が落ちれば、次は相馬である。

相馬藩は中間地点の浪江《なみえ》に防衛線を敷き、一千の藩兵で抗戦したが、頼みの仙台兵がどんどん藩境に引き揚げ、防戦が不可能だった。

人夫も逃げ出し、食糧、弾薬の供給も困難になってきた。完全な負け戦である。藩内の恭順派が台頭し、浪江に進駐した津藩の隊長に接触し、帰順降伏の交渉を開始した。

交渉に当たったのは富田《とみた》久助《きゅうすけ》、のち相馬の営農を指導し、米作りに成功する富田高慶《たかよし》である。薩長軍も渡りに船である。浪江で降伏交渉が成立した。

薩長軍の先鋒となって仙台攻撃に向かうという条件付きだった。

「おっかあ、かゆい」

浪江の農民・治兵衛《じへえ》三十五歳は、稀有《けう》な体験の持ち主だった。

彼は、その体験を後世に伝えている。

治兵衛は体格隆々、草相撲の大関を張る力持ちだった。相馬藩に徴用され、輜重《しちょう》方《がた》の馬係として戦争に加わった。

七月二十九日の浪江《なみえ》戦争のときだった。相馬藩はここに陣地を築き、薩長軍の攻撃を止めんとしていた。

折から大雨だった。こちらの火縄銃は雨にぬれて発火しないのに、薩長軍は高瀬川の水につかっていても撃ってきた。大砲の弾は見えるのだが、あわてて逃げるので、なかには当たる者もいた。

相馬の兵隊が大勢にわかに現れ、これは勝ったと思った。ところがひとたまりもなく負けた。度胸がないのに治兵衛は驚いた。

逃げるとなるとわれ先で、侍も百姓も変わりはなかった。

相馬の兵隊が皆、帰ってしまったので、治兵衛は勝手に家に帰った。

家族は皆、山に逃げ、家には誰もいなかった。山に入って家族を探し、家に戻った。

そこへ薩長の兵隊がやってきた。

それを見た治兵衛の女房は、七つになる娘の手を引き、二つの息子を背負って、あ

わてて前の畑に隠れた。すると息子が蚊に刺され、

「おっかあ、かゆい、かゆい」

と叫んだ。

「困った」

と、治兵衛は青ざめた。

妻と子は見つかってしまった。治兵衛はどうなるか、気が気でなかった。すると兵隊は、

「百姓には構わない。隠れることはない」

と言った。治兵衛は安心し、「戦争はどうなりましたか」と聞いた。

「相馬は降参した。次は仙台だ。お前は、いい体してるな。官軍を手伝え」

と言われ、今度は敵方に徴用されてしまった。

それからしばらくして仙台も降参し、やっと家に帰ることができた。

しかし、領地も人民もすべて薩長のものとなり、「官軍」という言葉の重みに人々は打ちひしがれた。

降伏とは何か

相馬藩は裏切ったわけではなかった。どうにもならなくなって降参した。

実は、それからが地獄であった。

相馬藩は、何から何まで薩長にむしりとられた。米はもちろん馬も牛もなくなるまで徴発された。これが「官軍という名の薩長軍の本質か」と、相馬の人々は降伏したことを後悔した。しかし、すべてはあとの祭りだった。

降伏とは一体、何か。

それは土地、人民すべてを占領軍に差し出すことだった。

占領とは何か。『相馬市史』に詳細な記述がある。

藩主・相馬誠胤《ともたね》はただの人に転落し、長松寺に入って、ひたすら謹慎し、相馬中村城には総督・四条隆謌《しじょうたかうた》が入り、占領軍総司令官となった。

三ノ丸は官軍の野戦病院となり、重臣たちの住まいは太政官の役所に没収された。天下がひっくり返ったのである。

官軍と呼ぶことも強制された。官軍とは天皇の軍隊、正義の軍隊ということだった。

仙台攻撃のために八月に入ると、二千人程の官軍兵が繰り込んできた。もっとも多いときには五千余人に達した。

長州の毛利、筑前（現在の福岡県北西部）の黒田、大和郡山の柳沢、芸州広島の浅野、伊勢の藤堂、常州笠間（現在の茨城県中部）の牧野、熊本の細川、因州鳥取の池田、筑後久留米（現在の福岡県南部）の有馬ら各藩の軍勢だった。

相馬藩には以下の通達が行われた。

一、相馬軍は各藩に配属され、常に先頭に立って道案内をする。
二、領地の南半分即ち原町以南は官軍の直轄《ちょっかつ》地とする。そこにある蔵米その他は、封印されて相馬藩の自由にはならない。
三、官軍の糧食《りょうしょく》を引き受け、その他一切の要求に応じる。

相馬の人々は官軍に失望した。薩長は官軍にあらず、官賊だと一貫して主張してきた会津藩の言うとおりだと思った。

しかし、歴史の歯車はもう逆戻りはできない。

相馬藩主従は悔《くや》し涙を流した。

仙台藩が降伏し、彼らが相馬を去るまでの約二ヵ月余、官軍は中村城下に駐屯《ちゅうとん》していた。町内の民家、士族屋敷、一部は在郷の農家にまで、はみ出して宿営した。

その経費は相馬の負担で、戦争のために使った兵士の食糧は、米、雑穀合わせて一万三千三百八十九石、うち米は七千七百三十六石に及んだ。

これは官軍の八月七日から十月一日まで五十四日間の食糧で、延べ百十六万八十八人、一日一人白米六合の割合だった。

このほか相馬藩は四月十五日から十月一日までに、延べ三十万二千七百二十七人を動員し、千九百九十七石の米を消費した。飯米の備蓄《びちく》は底をついた。

戦争は膨大な経費がかかるものだった。

人足は官軍、相馬軍合わせて約十五万七千七百人、馬は七万一千八百九十一疋を動員した。一日平均三千人、馬千三百疋だった。

残酷な夜盗集団

『相馬市史』に、『吉田屋覚日記』の解説がある。

安政《あんせい》三年（一八五六）から明治十一年（一八七八）までの相馬の御用商人・吉田屋鈴木庄右衛門の手代の日記である。

実にさまざまなことが書かれている。

――八月十四日

官軍方の分捕品は、武器弾薬米穀並びに主だった家財や金蔵、土蔵などは太政官に、武器や家財は各藩に、小物や家財など見当たり次第、金銭衣類や家具などは中間小者《ちゅうげんこもの》、人足のものになる。もっとも後で持主から願い出れば、元値百両位の品は二十両位で買い戻される。

会津城下でも同じだが、すべては官軍の取得物なので、分捕りは正当という実に勝手な解釈だった。中間小者、人足は自分で分捕り品を販売して、収入を得るべしというのだから、官軍とは名ばかり、夜盗の集団に等しいものだった。

——九月一日同

請戸《うけど》の鈴木屋市十郎の持船延命丸が、中之作《なかのさく》で官軍に分捕られたので、三春まで行って貰い下げを受けた。同じ請戸の熊川平助の持船慈眼丸は、中之作で村の管理になってしまった。これらを取り戻すためには、延命丸の方は二百両もかかりそうだし、慈眼丸はお上の方へ百両、村方へ三百両出さねばならないから、都合四百両はかかるとのことである。

これもひどい話である。

官軍に徴発された馬は、雨覆《あまおお》いもなく野外につながれたままだったので、数十疋も死んだ。また馬の飼料として、近在の青豆や野菜を採ったので、野菜が一切なくなるなど、農民は断腸の思いだった。

酒屋の従業員は皆、官軍の炊き出しに使われ、酒造りができなくなった。

治安の悪化もおびただしいものがあり、強盗事件が頻発《ひんぱつ》した。討ち取った死体から服をはぎ、肉を割《さ》くような残酷な振る舞いもあった。

女性も徴発され、給仕役に後家《ごけ》が召し出された。

これは単なる給仕ではなく、指揮官クラスの夜伽《よとぎ》の相手だった。一般兵のために小高村、浪江村、鹿島村などの宿には遊女を置くことが求められた。

病院の看護人にも大勢の女性が動員された。

相馬藩はじっと耐えた。

官軍の心証を悪くしては、領地もすべて取り上げられるかもしれない。

絶対服従の態度を見せ、この領地を相馬藩に安堵《あんど》してもらうことが大事だった。しかし、耐えるにも限度があった。

仙台藩が抵抗すればするほど相馬藩の人的、財政的負担が増えていく。この上は一日も早く戦争を終結させることが必要だった。

相馬藩は仙台藩に対して、恭順《きょうじゅん》を求める密使を派遣した。

窮余《きゅうよ》の一策であった。

佐藤勘兵衛《さとうかんべえ》の手紙

慶応四年（一八六八）八月二十七日の夕刻である。

旗巻峠《はたまき》で官軍と戦う仙台藩大隊長・佐藤宮内の元に一通の手紙が届いた。持参したのは、近在の農民だった。見ると、それは相馬藩家老・佐藤勘兵衛《さとうかんべえ》から宮内に宛《あ》てた密書だった。

日付は、八月二十四日となっており、この農民は戦場をさまよい歩き、やっとたどり着いたものと思われた。

いまだ拝顔《はいがん》を得ず候えども一筆啓上《いっぴつけいじょう》致し候。

密書はこのような書き出しで始まり、小斎《こさい》領主の佐藤宮内と相馬の佐藤勘兵衛は、三百年前にさかのぼると、親戚の間柄にあること、大軍に攻められて、相馬が痛哭《つうこく》、涙をのんで軍門に降ったところ、寛大の御仁徳をもって罪を許されたことを述べ、ここは天下のため、万民救済《ばんみんきゅうさい》のため、仙台藩に降伏を勧めるとしたためてあった。

佐藤宮内の先祖は、相馬家に仕えた時期があった。佐藤勘兵衛と宮内は、確かに遠い親戚であった。

「降伏だと」

宮内の口から思わず怒声《どせい》が発せられた。寛大な御仁徳などあり得るのか。信じることができなかった。なおも読み続けると、

御謝罪の節、御願い立てにも御座候わば、及ばずながら尽力致し、御家名御相続だけの儀は、周旋《しゅうせん》仕るべきと存じ奉り候

と結んでおり、仙台藩の寛典のために相馬藩が努力するとしたためてあった。

仙台藩のなかでは、主戦派の宮内である。盗人《ぬすっと》たけだけしい、とはこのことかもしれぬが、よく読めば、含蓄《がんちく》のある文面であった。勘兵衛の善意が文面に漂《ただよ》っており、破り捨てるには惜《お》しい手紙だった。

宮内と勘兵衛の会談があったかどうかは分からない。しかし、宮内の元には勘兵衛の真意を疑わせる情報も入った。それは相馬藩の捕虜や、近在の農民から入る相馬領内の苦境だった。

「官軍が正義の軍隊とは、まったく偽《いつわ》りで、物は奪われ、女は犯され、人は殺され、領民は塗炭《とたん》の苦しみにあえいでいる」

というものであった。

同時に、官軍自体も大きな悩みを抱えているというのだった。寄せ集めの兵は無頼

の徒と化し、略奪、暴行、歯止めが利かなくなっていた。

このような戦を続けていくと、この国はどうなってしまうのかという危機意識もあった。

「うむ」

宮内は仙台城に向かった。

仙台藩 恭順《きょうじゅん》

仙台の城下は騒擾《そうじょう》の渦《うず》であった。

榎本《えのもと》艦隊が仙台湾に入港し、榎本武揚《たけあき》や大鳥圭介《おおとりけいすけ》、土方蔵三《ひじかたとしぞう》らが登城して、徹底抗戦を呼びかけたことで、主戦派の松本要人《まつもとかなめ》や遠藤主税《えんどうちから》、石母田但馬《いしもだたじま》、若生文十郎《わこうぶんじゅうろう》らは好機到来と張り切れば、一門の亘理領主・伊達藤五郎《だてとうごろう》や角田領主・石川大和《いしかわやまと》、水沢領主・伊達邦寧《だてくにやす》らは恭順に傾き、その部下たちが、ああだこうだと、今にも摑《つか》みかからんばかりの言い合いをしていた。

商人の多くはもう負けたと思っているようで、避難を始め、決戦を叫ぶ人々も家族を領地に帰し、半分、逃げ腰だった。

これでは勝てぬと、宮内は思った。

断固戦う、と言う人もいたことはいたが、その多くは実際の戦争を知らない人々だった。白河で最後まで戦った宮内は、戦争の無残さを誰よりも知っていた人間であった。

戦争は農民にも苦労を強いた。人夫に駆《か》り出され、田畑を荒らされ、このまま放置すれば一揆《いっき》を起こし、暴徒と化することもあり得た。

宮内は佐藤勘兵衛の言うとおりだと判断した。宮内はこのことを伊達家一門である伊達藤五郎に相談した。

「そちの言うとおりだ」

藤五郎はうなずき、仙台藩も急速に恭順に傾いていった。

しかし、仙台藩はなにぶんにも大藩であり、各領主も一藩の大名ぐらいの力はあるので、その協議も遅《ち》々《ち》として進まず、九月中旬になって、ようやく降伏に決した。

慶応四年（一八六八）九月十五日、相馬藩が斡旋《あっせん》した形で、伊達家代表が中村城を訪ね、四条総督に降伏謝罪した。九月二十日、官軍が仙台に向かって進軍し、十月一日には四条総督も中村を進発した。

榎本武揚

相馬の本領《ほんりょう》安堵《あんど》

相馬藩は仙台藩を恭順に導いた功績もあって、城地は相馬藩主・相馬誠胤に預けられ、十月十三日、次の達しがあった。

奥羽諸賊官軍に抗し候折柄《おりから》大藩に凌迫《りょうはく》され、やむをえず一旦、賊徒に与《くみし》候得ども、王師封境に臨み、速やかに降伏帰順、官軍を迎え、仙賊を掃攘《そうじょう》候段、聞こし召され、出格の御仁恤《ごじんじゅつ》をもって城地所領、これまで通り下置《くだしおかれ》候条、爾後《じご》、天裁《てんさい》の厚を奉戴《ほうたい》し、闔藩王事《こうはんおうじ》に勤労相励むべき旨、御沙汰候事

十月

相馬の領主、領民をあげての、待望の本領安堵《ほんりょうあんど》だった。

二ヵ月余の隠忍自重《いんにんじちょう》が報《むく》いられたのだった。

奥羽各藩は減封や国替えの処分が行われたが、相馬藩がこれを免《まぬが》れたのは、商人たちがこぞって献金したことにもあった。

その金額は二万両を超えた。その結果、相馬商人は一文なしになり、町は寂《さび》れ、やがて相馬地方の中心を隣の原町に奪われることになる。

戦争の犠牲は大きかった。

相馬藩はやむを得ない降伏であり、裏切りとは言いにくいものだった。

会津人もこのことを認め、『会津戊辰戦史』で、

「相馬の降伏は、攻守同盟の精神に背いて、各藩兵が兵を引き、相馬を孤立させたことによる。三春の例とは異なる」

と、言外に仙台藩を批判した。

第六章　秋田の変心、仙台の信義

「同盟を裏切るのは不義なり」

秋田の様子がおかしい、列藩同盟を裏切る動きにある、というので、仙台藩が秋田に使節を送ったのは、慶応四年（一八六八）の六月末だった。

このとき秋田には奥羽鎮撫総督《おううちんぶそうとく》の九条道孝《くじょうみちたか》が滞在していた。不穏の原因はそこにあった。

「九条殿下には仙台にお帰りいただくように伝えよ、秋田が異議を唱えた場合、秋田に攻め入ると伝えよ」

仙台藩の首席家老・但木土佐《ただきとさ》は、正使の志茂又左衛門《しもまたざえもん》に言った。

志茂は仙台藩の上級武士である。

仙台と秋田は同じ奥羽人同士である。いくら不穏といっても、使節を襲うなど、夢にも思わなかった。

志茂を補佐する副使には内ヶ崎順治、ほかに山内富治、高橋市平、棟方市七郎、佐々徳之進、川越新蔵、高橋貞吉らが随行し、仙台に駐在する秋田藩の根岸靭負《ねぎしゆきえ》が同行した。

道中はのんびりしたものだった。

七月一日、秋田城下に入った一行は、茶町扇ノ丁幸野治右衛門方に宿をとった。翌日、根岸靭負は登城して藩主に、仙台使節の用件を伝えた。

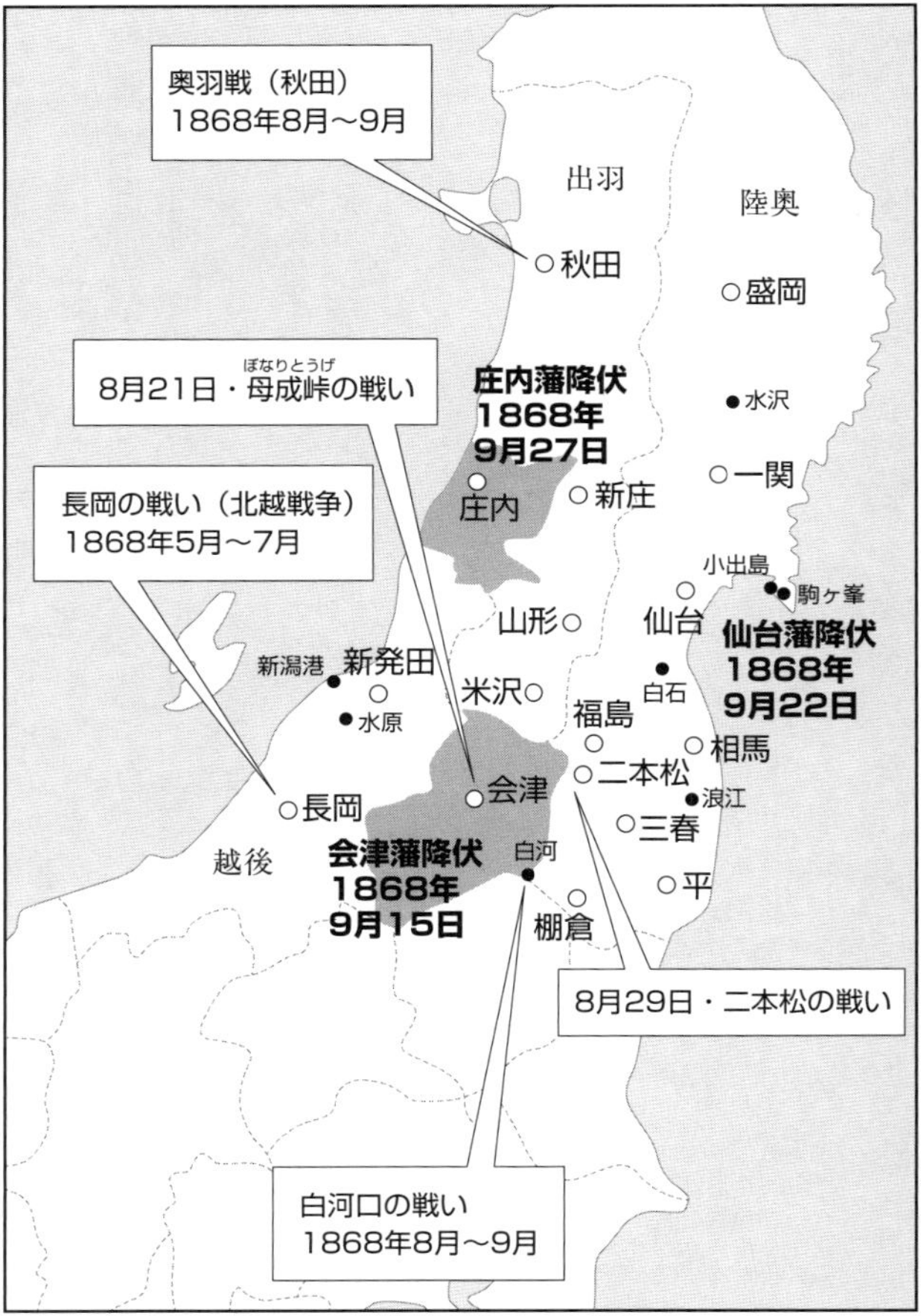
奥羽戦（秋田）
1868年8月～9月
出羽
陸奥
秋田
盛岡
8月21日・母成峠《ぼなりとうげ》の戦い
庄内藩降伏
1868年
9月27日
水沢
一関
庄内
新庄
長岡の戦い（北越戦争）
1868年5月～7月
小出島
駒ヶ峯
山形
仙台
仙台藩降伏
1868年
9月22日
新潟港
新発田
米沢
白石
水原
福島
相馬
二本松
会津
浪江
長岡
三春
会津藩降伏
1868年
9月15日
白河
越後
平
棚倉
8月29日・二本松の戦い
白河口の戦い
1868年8月～9月

秋田藩の藩論は二つに分かれ、決まらなかった。

その理由は、総督に同行している参謀の薩摩藩士・大山格之助《おおやまかくのすけ》が、砲術所の若手に「列藩同盟を離脱して官軍になるべし」と呼びかけているためだった。

同盟軍は白河で敗れ、劣勢に立たされており、官軍勝利の可能性が十分にあった。

薩長軍ではなく、官軍というエサを与えられた若手は動揺した。

「同盟を裏切るは不義なり」

と、評定奉行の鈴木吉左衛門が屠腹《とふく》した。

これを受けて、重臣の戸村十太夫《とむらじゅうだゆう》も、藩主・佐竹義尭《さたけよしたか》に列藩同盟に留まるよう強く進言した。

「あい分かった」

義尭が言った。

これで秋田は同盟に留まると思われた。

前代未聞の虐殺

仙台藩使節が到着した夜、砲術所の若者たちが集まった。

参謀の大山格之助が言った。

「又左衛門は正使にあらず、刺客《しかく》なり。彼らは毎夜、潜行し、城下を探偵しておる。

彼らを暗殺すれば、藩論も固まる」

この言葉に若者たちは同調し、仙台の宿所を襲って皆殺しにすることを決めた。

砲術所の若者たちの反乱である。

暗殺者二十二人は、七月四日夜、仙台藩使節一行の宿所を取り巻き、退路を遮断《しゃだん》し、十数人が抜刀《ばっとう》して二階へ駆《か》け上がり、何事かと驚く又左衛門らを、

「総督府の命を受けて賊使を誅《ちゅう》す」

と叫んで斬りつけ、又左衛門をはじめ山内富治、内ヶ崎順治、高橋市平と又左衛門の従者も斬り殺された。

隙《すき》を見て逃れた者は宿舎を取り囲んだ若者たちに、捕らえられた。

翌朝、秋田城下五町目橋のたもとに、又左衛門以下の首がさらされ、そこに姓名も記され、

「会津容保《かたもり》は積年暴悪にして、天皇を悩まし、慶喜《よしのぶ》は反逆の謀主である。仙台はこれに加担し、実に天地に容《い》れざる逆賊である」

とあった。

前代未聞《ぜんだいみもん》の虐殺だった。

捕縛された人々も殺され、

「これらの者は火薬を持参し、三卿の旅館の焼き討ちを目論《もくろ》んでいた」

と罪状が張り出された。

三卿とは、秋田に滞在している奥羽鎮撫使の一行である。

これを知った仙台の人々は激怒した。

お互いに何かと付き合いがあった藩である。秋田藩の行為はどこから見ても、やり方のひどい裏切りだった。武士にあるまじき破廉恥《はれんち》な所業だった。

秋田の藩内事情

秋田藩内は、列藩同盟離脱で、すんなりまとまったのだろうか。

仙台藩使節・志茂又左衛門一行を殺戮《さつりく》したのだから、さまざまな反応があったはずである。

これまで列藩同盟の側に立って自重論を唱え、ことごとに勤王派と対立する態度を取り続けてきた人物は、その後、蟄居《ちっきょ》処分になった。

まず、用人・平元重徳が罷免《ひめん》された。

平元は幼時より英才として知られ、成人するや藩校明徳館で国学を教え、安政《あんせい》二年（一八五五）に秋田藩が蝦夷《えぞ》地警備の幕命を蒙《こうむ》ったときは、その下検分役として蝦夷地から樺太《からふと》に渡り、屯営の設定に当たった。

その後江戸、京都などに勤務ののち軍事頭、幼君侍講を経て用人となった人物である。

藩の重役会議では、

「徳川家数百年の恩を捨てて顧みざるは義にあらず、また奥羽越列藩の盟約を破るは智にあらず」

と、説いていた。今回の事件もいち早く察知し、その黒幕である薩摩の大山参謀に使者を殺害してはならないと、中止をもとめた。

秋田にも気骨の人間がいたのである。しかし残虐行為が実行されるや、直《ただ》ちに免官され、すぐに永蟄居処分になった。

もう一人、奥羽越列藩同盟の会議に出席し、同盟に加わることを表明した執政・戸村十太夫は独断で列藩同盟に加わったとして、同じく永蟄居処分になった。

しかしこれは決して独断専攻ではなかった。

藩主・佐竹義堯の君命によるもので、まったくの冤罪だった。このとき戸村に同行した人物も、ことごとく蟄居となった。

このような不条理な処分は、もとより藩主の真意から出たものではなかった。それは秋田藩の体面を取り繕うためのものだった。

「絶対に許すまじ」

仙台藩は次々に秋田に攻撃軍を送った。

秋田藩を擁護する見方としては「冷静にみて、すでに豊前、肥前、筑前、長門、薩摩など西南諸藩の兵が領内に入り込んでいたとき、仙台の要求を容れてその諸国軍と藩領の中で戦うような愚《ぐ》を犯すことはできなかった」（新野直吉『秋田の歴史』秋田魁新報社）という分析もある。

たとえ、そうした部分があったとしても、仙台藩使節の殺し方は許しがたいことだった。

薩摩の甘言と謀略

秋田藩はただちに列藩同盟に宣戦を布告した。

薩摩の甘言に乗って、同じ奥羽人同士が敵味方に分かれてしまった。

薩摩の参謀・大山格之助は笑いがとまらなかった。列藩同盟を完全に分断したのである。これは表彰ものであった。

このとき、秋田における薩長軍の兵力はどのくらいあったのか。

大山柏《おおやまかしわ》の『戊辰役戦史』によると、肥前兵約七百五十人、小倉兵約百四十人、薩摩兵、長州兵それぞれおよそ百余人、筑前兵百四十余人の合わせて千二百余人だった。薩兵備は洋式銃を装備していた。秋田軍の兵力は約三千五百人だった。

当面の敵は庄内藩だった。

昨年末、庄内藩は江戸市中警備の任にあり、幕府の命令で、江戸の薩摩藩邸を砲撃した。薩摩は江戸で騒乱を起こし、戦争に持ち込もうと江戸藩邸に無頼人を集め、江戸市中で放火や強盗を働かせていた。

西郷の謀略である。

たまりかねた幕府が薩摩藩邸の砲撃に踏み切った。これを聞いた大坂の徳川慶喜《よしのぶ》が京都へ進撃を決断、鳥羽伏見の戦いが起こった。

勝てば文句はなかったのだが、錦の御旗があがるや慶喜は顔面蒼白、江戸に逃げ帰り、徳川幕府は消滅した。

庄内藩は三河以来の譜代大名である。外様の秋田藩とは格が違う。秋田藩が裏切ったと聞いて即座に兵を出した。

その兵力は、家老・松平甚三郎《まつだいらじんざぶろう》指揮の第一大隊約千人、酒井吉之丞《さかいきちのじょう》指揮の第二大隊約九百五十人の計二千である。

戦闘はこの年、慶応四年（一八六八）七月中旬から始まった。

先手を取ったのは庄内だった。

庄内藩一、二番大隊が疾風《はやて》のごとく新庄藩を攻めた。

当時の秋田兵の装備はひどく遅れていた。古色蒼然《こしょくそうぜん》たるものがあった。

さすがに甲冑《かっちゅう》や陣羽織《じんばおり》はなかったが、鉄砲は大半が火縄銃で、洋式銃を揃えた庄内藩には勝てそうもなかった。

若干、洋式銃のエンピール銃があったが、この銃は銃口から弾丸と火薬を入れる代物で、とても手間がかかって実戦では役にたたなかった。

いずれ援軍が来よう。秋田に滞在していた九条総督が閲兵して、秋田兵を戦場に出したが、当初はどこでもことごとく敗れた。

敗れた理由は銃だけではなかった。

相手が日頃友好関係にある庄内藩である。第一、戦う理由がなかった。仙台藩の使節を斬った砲術所や雷風義塾の若手には、それなりの革命思想があったのだろうが、その数はたかだか二百人である。

余計なことをしてくれたと迷惑がる人の方が多かった。

奥羽戦の舞台裏

最初の戦闘は新庄で始まった。

ここは戸沢家六万石の城下町である。列藩同盟に加盟していたが、秋田が離脱したので、それに従った。しかし家臣は列藩同盟派が多く、城門に「開城」と書いて退散した。

ここを占領した庄内兵は、各地で秋田兵と薩長兵を蹴散《けち》らし、さらに仙台兵が参戦すると、秋田の支城湯沢《ゆざわ》城も占領、横手《よこて》城に迫った。

庄内の大隊長・酒井吉之丞は、一気に攻めることにためらいがあった。横手城代の戸村十太夫は、独断で列藩同盟に加盟したとして生涯蟄居処分になっていた。加盟は決して戸村の独断ではなかった。

藩の総意として加盟したのだ。酒井はそのことをよく知っていた。戸村は詰め腹を切らされたのである。

八月十一日、庄内、仙台連合軍は城南の高地に布陣した。秋田兵はおらず、戸村十太夫の嫡男・戸村大学が、わずかの兵で守っていることは、密偵の報告で知っていた。せいぜい三百前後だった。

酒井は城に使いを出し、無血開城を勧告した。しかし回答はなかった。やむをえず戦闘になったが、戸村大学は落城寸前に脱出し、仙台の陣地を突破して横手の北方に逃れた。多分に見逃した可能性があった。

庄内兵の美談

各地の戦いをつぶさに見ると、最も評判がよかったのは庄内藩の兵隊だった。

多分に指揮官の人間性によるのだが、庄内の大隊長・松平甚三郎と酒井吉之丞は、相手に敬意を表する思いやりのある人物だった。

ねない。

二人は、戸村十太夫と嫡男の大学の行動に胸を打たれるものがあった。

落城した横手城を点検すると、あちこちに黒こげになった遺体や自刃し首のない亡骸などが散乱していた。その数十六人、このまま放置しては鴉《からす》や野犬の餌食になりかねない。

「埋葬してやろう」

甚三郎が言うと、酒井も同意した。金を払って地元民を集め、遺体を戸村家の菩提寺龍昌院に運ばせ、僧侶十四人を招き、手厚く埋葬した。

そこには、次の墓標が立てられた。

正面　佐竹家名臣戸村氏忠士之霊
側面　慶応四年八月十一日忠義戦死
裏面　奥羽の義軍埋葬拝礼して退く。惜しい哉《かな》、此の人々の姓名を弁ぜず。若し之《これ》を知るものあらば追記せんことを希《ねが》う。

この墓標は残っていないが、地元の人々は大感激し、庄内兵が通るたびに魚や野菜、餅などを届けたという。

これらは、秋田の郷土史家・吉田昭治著『秋田の維新史』に詳しい記述がある。吉田氏は、すべて自分の足で歩いて文章を書いている。理屈ではなく、生の声を生き生きと描写している。

郷土史の真髄《しんずい》は、ここにあると思う。

庄内兵と秋田兵の大きな違い

横手の戦争には、秋田に近い一関《いちのせき》藩の兵士たちも加わっていた。一関は仙台の支藩である。

甲一、甲二、甲三、乙一、乙二、乙三番隊と大砲隊、輜重《しちょう》隊、それに農兵や猟師合計五百五十余人が八月早々、須川岳《すかわだけ》を越えて秋田領内に進撃した。

秋田への山越えのときには、さらに数百人の農民が動員された。

部隊は八月八日、湯沢から横手に向かい、庄内兵とともに戦った。

緒戦で、甲一番隊・菊池弁左衛門が右眉を射抜かれて戦死した。

大曲《おおまがり》北方の神宮寺付近で薩摩兵と銃火を交えた。

九月に入ると、庄内兵とともに刈和野《かりわの》攻撃を行い、占領した。

九月十五日、一関から駅送で、衣類・食物・手紙などが入った行李が各隊に届いた。

「わあ」

と歓声が上がった。

戦ってみると、秋田兵は弱かった。先鋒部隊は農兵が圧倒的に多く、「おれたちは百姓だす。ご免《めん》してたもれ」と泣きながら逃げ回った。しかし薩摩や長州軍が現れると様相が一変した。轟音《ごうおん》とともに大砲の弾が飛来してドカンと破裂すると、頭や手足がバラバラになり、馬もはらわたを飛び出させて死んだ。

一関の兵士たちが、仙台の兵を嫌って庄内兵と行動をともにしたのには理由があった。

仙台の兵隊は威張《いば》っていて、一関の兵隊をこき使うのである。そのくせに弱く、秋田兵と、似たりよったりだった。

それに比べ、庄内兵は強かった。ミニエー、スナイドルなど洋式銃を持っているので、ガンガン撃ち出す。後ろについていれば安全だった。

庄内兵は規律も保たれていたが、仙台兵は使節を殺されたこともあって、何であれ見境なしに火を放ち、土蔵をこじ開けて物を奪った。それらを持ち歩いたので、重くて思うように動けず、つかまって殺された兵士もいた。

明治維新後、外務省に入り、外務次官、駐米公使となり、明治三十八年（一九〇五）の日露戦争のポーツマス講和会議では全権委員として首席全権の小村寿太郎《こむらじゅたろう》を補佐した高平小五郎《たかひらこごろう》も、この戦いに参戦していた。

このとき小五郎は十五歳、甲三番隊の銃士として従軍していた。九月十五日の刈和野の激戦で右上腕を負傷した。痛みが全身を貫いた。やがて負け戦となり、退却となった。奥羽山脈を越えなければ、一関には帰れない。小五郎は胆沢郡《いさわ》の山中で力尽き倒れてしまった。

そこへ佐々木良蔵と佐藤甚右衛門の二人の軍夫が通りかかり、

「かわいそうだ」

と、良蔵が小五郎を背負い、甚右衛門が荷物を持って、昼夜歩き通し苦心惨憺《くしんさんたん》、山を越え、小五郎は九死に一生を得た。

歴史から葬《ほうむ》り去られた戦死者

秋田の戦争は従来、目立たない地味なものだった。しかし実際は違っていた。

公式には、秋田藩の戦死者は『秋田県史（維新篇）』によれば、三百二十九人となっている。

「この数字はおかしい」

と、前出の吉田氏は考えている。

激戦地の会津若松では、三千人以上の戦死者を出しており、それに比べたら一割に過ぎない。

「実は、名簿に記載されない戦死者がきわめて多いのです」

吉田氏は、最大の戦死者を出した八月十三日の角間川の激戦を語った。

ここの戦闘は逃亡の村民と兵士が川舟に殺到し、舟の上で押し合いへし合いしたため、舟は沈没してしまい、溺死した村人は数え切れなかったという。それが何人で、どんな名前だったかなどは、どこにも記されていないというのだった。

村が戦場になると、人々は持てるだけの家財を手に、老幼をかばいながら、山林や他村の身寄りを頼って避難するのが常だった。

なかには剛気《ごうき》な者もいた。

一人の老夫が、逃げ行く村人たちの後ろ姿を横目で見やりながら、

「戦だの、何、おっかねえもんだってがァ」

と、せせら笑って家に残った。

やがて戦火が収まり、人々が帰ってくると、老夫は眉間《みけん》を撃ち抜かれて縁先に息絶えていた。傍らにはイナゴの塩むしが散らばり、硬直した右手は貧乏徳利を握ったままだった。

また、秋田北部の戦線では、南部藩の密偵の疑いで農夫が捕らえられ、佐賀藩隊屯所へ引っ立てられた。

佐賀兵は気が荒かった。

「ご免したんせ、許したんせ」

と哀願するのを、寄ってたかって無理矢理丸裸にし、これを近くの米代川へ運んで行って、頭を流れのなかへ押し込んでは出し、出しては押し込め、それを順繰りにくり返して、とうとう殺してしまった。

また、巡検隊の隊長に九州弁で、

「敵ばァおらんかァ！」

と尋ねられ、敵を夫（てて）と聞き違えた農婦が、家から亭主を連れてきたところ、いきなり目の前で射殺されてしまった。

福岡兵、見境なしの略奪

仙台兵は腹いせもあって、秋田領内で略奪暴行を働いた。ところが、官軍も負けずおとらず悪行の数々を尽くした。

これも吉田昭治氏の『秋田の維新史』からの引用である。主役は秋田の近郊、向《むかえ》野《の》村にやってきた九州の福岡兵だった。村の戸数は十七軒。人口が百人前後だった。

九州の福岡隊が村に入った慶応四年（一八六八）八月九日は、新暦にして九月二十四日。農家は稲刈りの時期だったが、各家に大勢の兵士が分宿した。それだけではない。

やれ人夫を出せ、炊き出しをしろと、うるさく命令された。

八月十八日、庄内軍四番大隊の兵士が近村に攻め込んだ。

豆を煎《い》るようなけたたましい銃声と、腹にズシン、ズシンと突き刺さるような砲声が一日中鳴り響き、対岸の村々は猛火に包まれて、その火がどんどん燃え広がっていくのが、向野村からも手にとるように見えた。

いよいよ戦が始まったというので、年寄りや女子供たちは、かねて森や沢、山の中などに建ててあった小屋に隠れ、家には老人や、運よくその日の徴発に引っかからなかった、わずかな男たちが残った。

肝煎《きもいり》の浅野甚兵衛《あさのじんべえ》の家の土蔵が破られたのは、その晩のことだった。

甚兵衛が所用で出かけていた間のことであった。村へ帰る途中で、迎えにきた下男と出会って急を告げられ、それを知った。

驚いてわが家の近くまで駆け戻った甚兵衛が、庄内軍の間諜《かんちょう》だというので捕らえられ、すんでのことに首を打ち落とされそうになった。分家の亭主の甚三郎が、

「庄内の回し者だねえす。この村の肝煎の甚兵衛だす」

と必死になって申し立て、危うく命拾いした。

甚兵衛家の土蔵には、家の金銭や家財什器ばかりでなく、あちこちからの預かり物が所せましとしまわれていた。

犯人は甚兵衛の家に泊っていた一分隊の兵士たちだった。

対岸の戦騒ぎで村中浮き足立っているどさくさ紛れに、泥棒に早変わりしたのだった。

十日も世話になっていながら、その家の土蔵を破って盗みを働くとは何ということか。あまつさえ、亭主を敵の間諜と間違えて捕らえるなどは、全くもって言語道断だった。

うやむやな形で盗みも不問

甚兵衛は、隊長の大野忠右衛門に被害届を出した。その控えが残っていた。「戦争に付諸品分捕り分失大凡書上帳」といい、そこには盗まれた金品五十余点が書き留められていた。

驚くのは、その種類の多さである。鉄砲、槍、刀などから大切鋸、かんな、茶釜、二升鍋、八升鍋、半てん、はては重箱、吸物椀、繰《く》り綿《わた》と、まさに手当たり次第、見境なしの略奪だった。繰り綿などは、どう始末したものか。

売りさばくにしても、大きな町ならともかく、戸数わずか十七軒の村である。どこに運んで売りさばいたものか。

隊長の大野忠右衛門も、

「心得違いのもの共土蔵破りに付き、嘸《さぞ》心痛致し候筈、気の毒の事に候」

と恐縮したが、下手人の処罰もなければ、盗んだ物を返させることもなかった。

これが官軍の実態だった。

すべてうやむやな形で不問にされてしまった。

村人たちの難儀はその後も続いた。三度三度の食事は、小荷駄方から下げ渡される米を炊き、それをめいめいの宿舎へ配る仕組みだったが、小荷駄方の米がなくなると、米から味噌まで村人の立て替えになった。

頭にきた村人は、握り飯を肥桶《こえおけ》に入れて運んだ。

これは面従腹背《めんじゅうふくはい》、傲慢無礼《ごうまんぶれい》な官軍という名の新しい権力者に対するささやかな抵抗だった。

戊辰戦争聞書

戊辰戦争に関する著作は多いが、一体、戦争とはどういうものかという点になると、大半の作品は、よく分からない。各藩の戦闘報告書をなぞるだけのものが多いので、現場ではどうなっていたのか、となるとまるで分からない。

秋田の郷土史研究者が、庶民が描いた戦争を丹念に集め、研究誌を発刊している。実に立派なことだと感心する。

『北方風土』（北方風土社）もその一つである。

平成十年の第36号は「戊辰戦争特集」だった。その中のひとつ高橋傳一郎氏の「戊辰戦争聞書」は雄勝《おがち》東部地方の戦闘を記した麻生重太郎筆、佐藤團蔵実話「戊辰の役中山口侵入退却実見記」を紹介していた。

佐藤團蔵は当時十七歳、地元の肝煎役所に詰めていたので、仙台兵が峠を越えて攻め入った様子を詳細に見聞していた。それを郷土史に造詣の深い麻生が筆記したのだった。以下、その文章である。


戊辰の八月、仙台勢が秋田に攻め入るというので、湯沢の隊長が来て中山口の防備に当たっていた。しかし中山口は破れ、二、三百人の仙台勢が侵入してきた。

隊長は洋服に陣笠をかぶり、腰に大小を帯し、火縄銃を荷い、堂々たるものだった。そして所々に、「これより仙台領」と標《しる》した棒杭を立てた。

秋田城をひとつぶしにすると、大威張りだった。九月十八日の戦いで仙台勢は敗れ、退却を始めた。そのうちに仙台兵につかまり、仙台まで荷物を運べといわれた。途中で恐ろしくなり馬を置いて逃げた。

するとまた数人の侍に捕まり、「若いの、荷物をもて」と言われたので、一目散に逃げ、やっと肝煎の家に戻ることができた。怖くてしばらく震えがとまらなかった。

今度は「賊を追っ払った」と官軍の侍がやってきた。角館の兵隊だった。

肝煎の家を皆で見回り納屋に行くと、賊兵が酒を盗んで飲んだと見え、ぐでんぐでんになって眠りこけていた。

「官軍にわたせ」

と肝煎が言ったが、鉄砲を枕にしているので、怖くて手を出せない。すると近くの爺さんが、傍らの薪割鉞《まきわりまさかり》を手に、

「こんなもの殺してしまえ」

と侍の喉頸《のどくび》を狙って力いっぱい打ち込んだ。

それを莚《むしろ》に包んで納屋の廐《うまや》に放り込んだ。

夕方、見たらまだ息があった。翌日、官軍の兵隊が来て納屋の侍の屍《しかばね》を引きずり出し、首を斬ろうとしたが、斬り落とせない。とうとう鋸《のこぎり》を出して首を取り、持っていった。首から下は畑に埋めた。

河川では奇妙な風景が見られた。当時の兵士は、何がしかの金銭を着物の襟《えり》に縫《ぬ》いこんでおく習慣があった。死んだとき、これで葬《ほうむ》ってくれという意味だった。

肌付きと言った。

だから遺体の襟には金銭が縫いこまれていた。それを目当てに死体が流れてくると網で引き上げ、襟から金銭を抜き取り、着物もはいで丸裸にして、また流す光景も見られた。


戦争とは罪悪であり、無残《むざん》なものであった。

消えない賊軍の汚名

秋田の裏切りに怒ったのは、仙台藩だけではなかった。

南部藩も大いに怒り、家老の楢山佐渡《ならやまさど》が総大将となって、二百人の兵士を率いて、盛岡から鹿角《かづの》に向かい、毛馬内《けまない》に宿陣し、さらに花輪《はなわ》に移動した。

ここで鹿角の兵士を加え、小荷駄や農兵も加えると総勢二千三百五十余人で秋田に攻め入った。

隣の大館《おおだて》を焼き尽くし、秋田城を落とすところまで攻め込んだが、あと一歩で引かざるを得なかった。

結局、官軍の秋田が勝ち、鹿角の兵士は賊軍の汚名を着せられたまま敗れ去った。

その後、運悪く、南部藩である鹿角が秋田県に編入されたとき、鹿角の人々は青ざめた。

「何で秋田県か」

人々は、これから起こるであろう、数々の障害や迫害を考え、頭を抱えた。

秋田市の旧制秋田県立秋田中学校、現在の秋田高校が開設されたときのことである。鹿角からも優秀な生徒が数人入学した。

「鹿角のものは出てこい」

と集められて、

「お前ら賊軍の連中が来るところじゃねえ」

と集団暴行を受けた。殴られて顔がはれ上がり、目がつぶれた。

それからしばらくして大館に県立の旧制中学校ができた。このときもやられた。現在の県立大館鳳鳴《おおだてほうめい》高校である。

「ああ、何で岩手県にならなかったのか」

生徒も父兄も明治政府のやり方を恨んだ。鹿角には、戦前、町立花輪実科高等女学校しか設置されず、県立花輪高校ができたのは、昭和二十三年のことだった。

大館と鹿角市は隣同士である。何かと集まりは多い。酒が入ると、毎度、毎度、繰り返されることがあった。

「何だ、お前、朝敵、賊軍のくせに生意気言うな」

「何だと、お前は裏切り者、官賊だ。恥を知れ」

取っ組み合いになることも、過去にはあったという。

嘘のような本当の話である。

私が会った鹿角の人は、

「岩手県に編入されることが私たちの願いです」

とまで言った。

「まさか、それは冗談でしょう」

「いや本当ですよ。議会で討議したこともあるんです」

その人は、はっきり言った。

秋田出身の老医師の体験

鹿角に出かけたとき、私は吉田昭治氏から、数々のエピソードを聞いた。

そのなかに、雄勝郡院内《おがちぐんいんない》（現在は湯沢市）出身のある老医師の話があった。

その人の生家は昔、藩主が参勤交代の行き帰りに立ち寄ったこともあるという、広くがっしりした造りで、官軍の本営にされたり、あるいは南部藩の宿舎に使われたりして、しまいにはどちらかに焼かれてしまった。

いわば、戦争の被害者だった。

その老医師が吉田氏に、こう語ったという。

あれは仙台の二高（旧制第二高等学校。現在、東北大学に合併）にいた頃（明治三十四、五年頃）のことです。舎監をしていたのが旧仙台藩士でした。なかなか厳格な反面優しい所のある爺さんで、生徒たちにも人気がありました。

私なども入った当座は随分《ずいぶん》可愛がられ、世話になったもんです。ところが、私が秋田県の出と判《わか》ると、その途端《とたん》、態度がガラリと変わってしまいました。

それからというものは、寮の中であろうが、学校の中であろうが、町の中であろうが、顔を合わせるたびごとに、一日一回なら一回、三回なら三回、十回なら十回、とにかく会うたびごとに凄い目で睨《にら》みつけて、破れ鐘のような声で、

「秋田の変心、秋田の変心」

と頭ごなしに怒鳴りつけるんですな。

私は山奥の百姓の倅で、仙台藩士の暗殺とは全く何の関係もないのに、いやあ、あれには参ったもんでした。

笑い話では済まされない、深刻な悩みだった。

招魂社《しょうこんしゃ》を巡る騒動

　また、こんな話もあった。

　廃藩置県に先立つこと四ヵ月前の明治四年（一八七一）三月、亀田藩（現在の秋田県南西部）権《ごん》大参事・吉田権蔵の発案で、本荘藩（現在の秋田県南西部）権大参事・皆川融、矢島藩（現在の秋田県南西部）権大参事・松原彦一郎の三人が話し合った結果、

「戦い終わってすでに二年有余、いつまでも庄内藩と意地を張り合っているときではあるまい。そろそろ交わりを昔に返すべき時期ではないか」

　と論が一致し、その頃、大泉藩と呼ばれていた庄内の鶴岡に、同藩権大参事・菅実《すげさね》秀《ひで》を訪ねて、

「秋田藩を含めた我々五藩、互いに親睦を深めたいと存ずるが、賛同いただきたい」

　と申し入れた。戦争前は互いに交流があったため、菅も大いに喜んで、

「それはよい。すぐ秋田へ行きましょう」

　と言い出し、四人連れ立って秋田に向かった。

　秋田に着いたのが三月二十五日、親睦を深め、話が進み、二十八日は招魂社《しょうこんしゃ》の春祭りというので、その日は会議を休止し、揃って寺内村の招魂社に参拝することとなった。

招魂社は戊辰戦争で戦死した官軍の将兵を合祀《ごうし》した神社である。秋田藩と戦った庄内藩の菅実秀や亀田藩の吉田権蔵らは複雑な思いだった。

やがて秋田藩が一席設けての酒宴になった。ここで折角盛り上がっていた友好ムードを、ぶちこわす騒動が持ち上がった。

秋田藩の中川健蔵は、奥羽人には珍しく弁舌爽《さわ》やか、口も八丁手も八丁の才子肌だが、常に大言壮語《たいげんそうご》する悪癖《あくへき》があった。

この日も一杯入ると、つい調子に乗って、

「これも我が秋田藩が官軍なればこそのこと、賊藩は招魂社など建てるにも建てようがありますまい」

と言った。これを聞いた庄内の菅実秀は、

「貴藩こそ、先に奥羽越列藩同盟に与《くみ》していながら、これを裏切り、あまつさえ仙台藩の使節を斬殺した。許せぬ」

声高に叫ぶや、宿に帰ってしまった。

庄内藩がまとめた『南洲翁遺訓』という著作がある。菅実秀の手になる本である。

庄内藩は西郷によって朝敵に蹴落とされた。にもかかわらず、庄内の人々は明治になって西郷を信奉、ついには西郷神社まで造ってしまう。一体、何があったのか。

落合弘樹『西郷隆盛と士族』（吉川弘文館）に、

「江戸の騒乱はよく言われているように、政治的劣勢を挽回するために西郷が意図的に挑発を仕組んだかどうかは疑問である」

と、従来の説に疑義を呈するコメントがある。

江戸の騒乱というのは、西郷が江戸の薩摩藩邸に暴徒を集め、火付け、盗賊を行い、怒った江戸市中警備の庄内藩が薩摩藩邸を砲撃したとされる事件である。これがきっかけで、鳥羽伏見の戦いが起こった。

それでは、誰が何の目的で騒乱を起こしたのか、まだまだ歴史は闇の部分が多い。

現代に続く激突、仙台・秋田

十年ほど前のことだが、秋田県の角館《かくのだて》で、戊辰戦争の討論会があった。

私も招かれ、「奥羽越列藩同盟」について基調講演を行った。そのあと、関係市町村長の討論会があった。ここで事件が起こった。

当時の宮城県白石市の市長が、

「東北が敗れたのは、秋田の裏切りのせいだ」

と爆弾発言をした。

会場は秋田県である。当時の秋田市長も出席していた。

立ち上がった秋田市長は反論した。

「あれは裏切りではない。我々には先見の明があったのだ。どちらが勝つか、冷静に判断した結果である」

白石市長はさっと顔色を変え、あわや大口論になりそうな雰囲気だった。

「まあまあ」

と、司会者が止めたが、これでおさまるはずはなかった。白石市長はブルブルと体を震わせた。そのときである。会場から手が挙がった。

「私は鹿角から参りました。今は秋田県ですが、藩政時代、私どもは南部藩でした。あのとき、我々の先代は、秋田は許せないと、大館に攻め入ったのです。秋田県人が全員、裏切り者ではない」

場内からの反乱である。

戊辰戦争は、軽々しく物を言えない特殊な事情があった。

本来、鹿角は岩手県に編入されるはずが、尾去沢《おさりざわ》鉱山の利権を巡って秋田県に組み入れられた事情があった。

明治政府は、尾去沢鉱山の銅をいかにして手に入れるかを画策した。南部藩は賊軍である。何かと、やりにくい。官軍の秋田県なら言うことを聞く。というわけで、秋田に編入されてしまった。

これには、秋田市長も立ち往生した。

どうするのか。私は市長の顔を見つめた。

すると市長は、思いもかけぬ話を始めた。

「実は、私が北海道大学の学生時代、同級生に会津高校の出身者がいました。その男が四年間、飲み会があるたびに必ず私の隣に来て、秋田が悪いと言うのです。『聞き捨てならぬ』と言うと、その会津の学生は一段と声を張り上げて、『秋田が裏切ったから会津が負けた。会津が負けたから薩長が天下を取った。そして、朝鮮や中国に攻め込み、戦争ばかりして、日本を滅ぼした。その原因は秋田にある』と言いました」

ひどく飛躍した話ではあったが、妙に説得力があった。秋田市長は、何回も同じことを言われている間に、「そうかな」と思うようになったという。

この話に会場から爆笑が起こり、論争は一件落着したが、戊辰戦争は何であったのか。必要だったのか。必要でなかったのか。

従来の学説では、「日本の近代化のために必要だった」となるのだが、とんでもない、私はそうは思っていない。

あの戦争は、「言うことを聞かぬ奴には、銃弾を浴びせて懲《こ》らしめてやる」という意味合いの戦争だった。自分たちの権力を絶対化するための戦争だった。

それでは同盟側はどうか。

あくまで武力で攻めると言われた以上、戦うしかなかった。戦う以上は、勝たねばならない。それが列藩同盟だった。薩長同盟は強力な二国間の同盟である。これに岩《いわ》倉具視《くらともみ》らの公家衆が加わった。

列藩同盟は緩やかな結びつきだった。しかも会津、庄内、長岡、南部以外は藩内に反対派を抱えていた。情勢の変化に応じて、微妙な派閥力学が働いた。

勤王派の台頭《たいとう》である。仙台も最後は勤王派が主流を占め、恭順に向かって走り出したのだった。

第七章　北越の戦争悲話

越後の龍・河井継之助《かわいつぎのすけ》

越後の戦争とは、どのようなものだったのだろうか。

私は幕末維新の跡を訪ねて、もう何十年と歩き続けている。

新潟も足しげく通った場所である。

何度訪ねても感無量の思いにかられるのは、新潟県小千谷《おぢや》市の慈眼寺《じげんじ》である。

ここは、長岡藩（現在の新潟県長岡市）家老の河井継之助《かわいつぎのすけ》と土佐の軍監、岩村精一郎《いわむらせいいちろう》の会談の場所だった。

長州藩の主力部隊である干城隊《かんじょうたい》と奇兵隊《きへいたい》は、越後から会津攻撃に向かうために上越高田に進駐し、信濃川《しなのがわ》をはさんで、小千谷に本営を構えた。

「会津攻撃の兵を出すべし」

長岡藩に命令が下った。

「それはできぬ。会談じゃ」

河井は、剣客の二見虎三郎と従僕二人の四人だけで、出かけることにした。

慶応《けいおう》四年（一八六八）五月二日黎明、河井は見送りの人々に、

「こうしていても、ぽっかり、やられてしまえば、それまでだなぁ」

と、首をなでて笑った。

それから駕籠《かご》に乗り、小千谷の慈眼寺に向かった。

慈眼寺は、今も当時のままの姿で建っている。大きな門構えの、広壮な寺院である。本堂の右奥にある十二畳半の会談の間も、当時のままに残されている。

河井の意に反して出てきたのは、土佐の軍監、岩村精一郎だった。

岩村は上座に座った。

河井は岩村の名前を初めて聞いた。

長州でも薩摩でもない。土佐と聞いて、河井は全身の力が抜ける思いだった。

軽んじられたという屈辱感で、いっぱいだった。

介添えは薩摩の淵辺直右衛門、長州の杉山荘一、白井小助だった。三人とも無名の男だった。

たかだか、田舎の家老という認識であり、どう見てもまともに対応する姿勢は見えなかった。

河井継之助
長岡市立中央図書館所蔵

河井は、藩内にさまざまな意見があったので、出兵、献金には応じられなかったことを素直に詫び、和平の嘆願書を岩村に差し出した。

「会津は私どもで説得いたす。攻撃は待っていただきたい」

河井の訴えを、岩村は、にべもなく拒絶した。

「会津は朝敵である。朝敵をかばうとは許せぬ。文句があれば戦場で、あいまみえるほかなし」

岩村は河井を追い返した。

「岩村らは上座に座り、河井さんは、こちらの下座に座り、懇願《こんがん》したそうですよ。逆じゃないでしょうか。河井さんは長岡藩の代表ですよ」

参拝者を案内していた住職夫人が声を荒らげた。

「河井さんは座を立とうとした岩村の裾を捉まえて訴えましたが、岩村は河井さんを振り払って、奥の間に入ってしまったそうです。河井さんがかわいそうじゃありませんか」

と言う住職夫人の言葉に、参拝者のなかには涙ぐむ人もいた。

いったん外に出た河井は、再度、面会を求めたが、二度と寺に入ることはかなわなかった。

河井は越後の龍といわれた傑出した人物だった。

「このような者どもを通すことはならぬ」

河井は全軍を藩境に出し、防備を固めた。

これにより長岡藩も奥羽越列藩同盟に加わり、戦闘の準備に入った。

山県有朋《やまがたありとも》の狼狽《ろうばい》

後年、岩村精一郎はこう語っている。

「私が座を立ったので、河井も退席したが、のちに門衛に聞くと、河井はなおも幾度となく、本陣の門に来て、再度の面会を請い、深夜までその付近を徘徊《はいかい》して、しきりに取り継がんことを求めたが、衛卒は、これを許さず、河井はやむなく引き取ったとのことだった。

今に至って熟考すれば、河井がこのように繰り返して嘆願したのは、本当に戦意がなかったのかもしれなかった。しかし当時は、これを信じることはできなかった。よって談判は不調となり、間もなく戦争になった」

かくて越後は戦争となった。

長岡軍は、朝日山に陣地を構築した。

眼下に信濃川が流れ、対岸が敵の本営だった。川は濁流《だくりゅう》だった。

今もこの山頂には塹壕《ざんごう》の跡が残っている。河井はここに大砲陣地を築き、対岸をにらんだ。

長州藩奇兵隊が夜のうちに川を渡り、攻撃を仕掛けてきたのは、五月十三日早朝だった。

敵の隊長は、奇兵隊軍監の時山直八《ときやまなおはち》だった。吉田松陰《よしだしょういん》の門下生の一人である。

奇兵隊は幕府との戦争で不敗を誇《ほこ》り、百戦錬磨《しゃくせんれんま》、不滅という神話があった。

しかし、絶対の不滅はなかった。

渡河した奇兵隊の軍勢は約二百人だった。

山頂には越後に進駐していた会津兵、桑名藩の兵士もいた。

敵は朝もやのなかを、突進してきた。

そのうち数十人が右方向に現れた。敵との距離が数尺に迫った。

桑名藩雷神隊の三木重左衛門《みきじゅうざえもん》は、目の前に現れた男の顔面に銃弾を浴びせた。それが時山だった。

時山はもんどりうって倒れ、さしもの奇兵隊も参謀を失い、茫然自失《ぼうぜんじしつ》、駆《か》け寄って首を斬り落として小脇に抱えるのが、精一杯だった。

長州兵は真っ青になって逃げ惑い、崖から落ちて三十数名の死傷者を出す大惨敗を喫した。

知らせを受けた長州軍参謀・山県有朋《やまがたありとも》は、口がきけなくなるほどの衝撃を受けた。

長州藩は会津攻撃という重大な使命を帯びていたのだが、思いもかけぬ越後の戦場で参謀を失い、数十日間を越後に釘付けとなってしまい、会津攻撃に間に合わない失態を演じた。

山県の生涯の痛恨事、それが時山の戦死だった。

最前線にいた会津兵だけは、時山にさんざんな目に遭《あ》わされていた。歩哨の不注意で、時山らの侵入に気づかず、突然、一斉射撃を受けて応戦もできずに四散した。

会津の堀田内蔵之助は逃げ切れないと観念し、腹を斬ったが、気を失って滝壺に転落、そこの水で蘇生《そせい》し、ようやく会津の陣営にたどり着いたが、傷は悪化し、長岡の病院で息を引き取った。

こしぬけ武士の越す峠

河井は自ら戦場に出て指揮を執った。

日本に三門しかない機関砲を二門、買い入れた。アメリカの南北戦争で使った速射砲である。

長岡市にある河井継之助記念館に、復元された模型がある。

館長の稲川明雄氏は言う。

「これは本物に近いと自信をもっています」

他に、二門復元されたものがあるが、この記念館のものがいちばんコンパクトで、戦場で使うには、操作がしやすい造りだった。

長岡の町には雪よけの雁木《がんぎ》がある。

ヒュンヒュンと唸りをあげて弾が飛んでくる。

そこを走っていて、敵から見えない右側の雁木に移ろうと往来に出たとき、弾が飛んできて、河井の左膝下に当たった。
二、三歩、ヨロヨロと歩くと、鮮血が噴き出て倒れた。
「すわ一大事」

と、従者の寅太が、雁木の裏に河井を運び、白木綿で、傷口をしっかり包み、戸板で急ごしらえの担架《たんか》を作って河井を乗せた。

「人が聞いても、傷は軽いと言っておけよ」

と河井は言った。

河井は軍病院を置いた郊外の昌福寺に運ばれた。しかし、外科手術をする医師はおらず、会津若松の野戦病院に転送するほか方法はなかった。会津には西洋医の松本《まつもと》良順《りょうじゅん》が来ていた。

この日、新発田《しばた》藩（現在の新潟県新発田市）が突如、裏切り行為に及び、敵を新潟に誘導した。新発田藩は、その去就が注目されていた。藩内に恭順論が強くあり、やはりという感じだった。

長岡軍は戦意喪失し、一度、奪還した長岡城を再び奪われた。

兵士たちは主君が避難していった会津若松を目指した。

河井は担架に乗せられ、八十里越の峠を越えた。負けたことを君主に詫び、ここで死にたいと思った。

八十里こしぬけ武士の越す峠

河井は自嘲《じちょう》を込めて、こう詠んだ。

傷はますます悪化し、会津領只見《ただみ》で重態に陥《おちい》った。

河井は付人の松蔵を枕元に呼び、棺桶《かんおけ》を作るよう命じた。

松蔵は泣きながら棺桶と骨箱を二つ作った。一つには土を入れておき、敵に捕まったらそれを置いて逃げるためだった。

出来上がった棺桶と骨箱を見て、河井は満足そうだった。

それから「一眠りする」と言い、人を避け、そのまま昏睡状態に入り、この夜、静かに息を引き取った。享年四十二だった。

河井は理不尽な薩長の要求を堂々とつっぱね、命をかけて戦った。そこには武士の魂があった。

私は何度も、只見の終焉《しゅうえん》の地を訪ねた。

只見川の川面に河井の顔が浮かび、いつも涙が流れるのを禁じ得なかった。

戦火に巻き込まれた人々

一般民衆の動きは千差万別だった。

越後で最初に戦争が起こったのは、小出島《こいでじま》だった。現在の魚沼《うおぬま》市小出《こいで》町である。

ここに会津藩の陣屋があり、村人は会津に荷担《かたん》したが敗れ、以後、長岡の攻防戦に一喜一憂《いっきいちゆう》した。戦争が始まると女たちは山に隠れ、じっと息を潜めた。

激しい戦いが、再三行われた長岡では、戦争を通じて三千八百軒の民家が焼け出され、惨憺《さんたん》たる事態になった。

長岡藩家老・河井継之助は、戊辰戦争の英雄だったが、領民の犠牲は大きかった。今でも河井を非難する人は少なくない。

今から十数年前の話である。河井の命日に戊辰戦争の話をしてくれと、長岡の方々から招かれたことがあった。河井の墓がある長岡市の栄凉寺の本堂が会場だった。命日だというのに、参加者は二十人ほどしかいない。

「私たちは少数派ですから」

と皆が言った。この何年間か、河井を信奉する人は迫害され続けてきたというのである。

その理由は意地を張って戦争を起こし、町を焼き、賊軍の汚名を着せられたということだった。確かに戦争を起こしたが、河井の「会津を説得するから待ってほしい」という訴えを一蹴《いっしゅう》した薩長軍の責任の方がより大きかった。

勝てば官軍、負ければ賊軍である。薩長軍はどんなことでも正当化した。

今日、河井ファンは全国に広がり、河井も主流派になりつつあるが、戦争は一般庶民に大きな負担をかけた。司馬遼太郎の『峠』には出てこないが、越後の人々は両軍からさまざまな要求を出され、正直、一日も早い戦争終結を望んでいた。

物資の調達は、あらゆるものが求められた。

米、餅や赤飯、鶏卵、梅干、味噌漬け、沢庵漬け、布団、わらじ、俵、縄、竹、何でも要求された。馬、牛も供出させられた。

献金は常時、集められた。

薩長の軍船が入港した直江津《なおえつ》では、三万人が動員され、武器弾薬、野営道具、兵糧米、味噌などを柏崎まで運搬した。強制労働だった。人足は十五歳から六十歳までの男子が対象だったが、時には女子も求められた。

なかには長期間、人足に採用された者もいた。

会津藩支配下の北蒲原《きたかんばら》郡水原《すいばら》村では、会津藩のために多数が動員された。敵に内通し、時にはゲリラとなって襲ってくる者もいた。

戦争継続は容易ではなかった。

農民の哀話《あいわ》

戦場を歩くと、庶民の哀話が各地に残されている。
以下は『長岡郷土史』第28号に掲載された福田松四郎「明治戊辰の長岡戦争余聞、祖母に聞く農民の哀話《あいわ》」である。

私の祖母は、桜井ハヤといい、昭和十六年一月三十日に八十三歳で世を去りました。祖母の実家は、栃尾《とちお》（現在は長岡市）の西谷川の上流で西野俣《にしのまた》の六蔵屋敷という家でした。

言い伝えでは、戦国時代に上州安中《あんなか》から戦いに敗れた武士の一族が六部《ろくぶ》（巡礼）に姿を変え、流れて西野俣の地に住みついて、六部屋数といわれたのが、いつの間にか六蔵屋敷と呼ばれるようになったそうです。

祖母の話では「只の百姓ではなく、刀を差していた」とのことでした。

祖母は、何か折ある毎に「イイカモンノカミサマ」と言いましたが、子供の頃は何かの神様のことかと思っていました。後で、桜田門外の変の井伊掃部頭直弼《かもんのかみなおすけ》のことだと分かりましたが、この大事件が江戸から遥かな栃尾の山奥の役宅にも知らせが入ったことを誇りにしていたようでした。

祖母は気丈な人で、私たち孫に対しても躾《しつけ》の厳しい人でした。母も私たち兄弟も

「婆様《ばさま》、婆様」と尊敬し、緊張していた日々で、子供心にもこわい祖母でした。

この気丈な祖母が、ある場所へ行くと涙を流して泣くのです。昭和十二年の秋のことでした。元来が山育ちの祖母でしたから、キノコ採りが大好きで、私は祖母のお伴で栖吉《すよし》の山へ行きました。

途中、長倉小学校を右手に見て栖吉川の堤防を行くと、悠久山《ゆうきゅうざん》の山塊《さんかい》が迫ってきます。三官橋《さんがん》の辺りに来ると、祖母はしゃがみこんで泣くのです。

キノコ採りに行くときには、祖母は必ず数珠《じゅず》を懐にして行き、その地に到ると、「ここが三官の土手だ、三官の土手だ」と言い続けては涙を流し、合掌《がっしょう》して暫《しばら》く泣いていました（悠久山は以前、三官山と呼ばれていた）。

話によると、長岡戦争の際、祖母の父や身内の若者の何人かが、長岡藩の武士に斬られて死んだ場所とのことでした。

キノコ採りに行くたびに、祖母はそこで泣いていましたが、私も合掌させられて物哀しい気分になったものでした。

「ヒヒが来た」

また、次のような話も書かれてあった。

五月から七月にかけて、長岡近郊での攻防戦が展開されていた頃、西野俣から二、三里程離れた半蔵金《はんぞうがね》村（現在は長岡市）には、西軍（新政府軍）の兵士が侵出し、宿営していました。度々、小人数の兵士が西野俣村へ来ては、米や鶏を没収して行ったのです。

それに反抗の態度を示した若者が斬り殺された事件も起きました。

それから村では見張りを立てて、兵士が近づくと、

「ヒヒが来たぞ」

と、知らせて逃げ散ったとのことでした。新政府軍の隊長は赤白のシャグマを頭につけていたので、ヒヒと呼ばれていました。

「どうせヒヒ共に持って行かれるのなら、長岡で奮戦している同志に届けてやろうじゃないか」

と村人の相談がまとまり、十数人の選ばれた村人たちが、米や味噌を集めて、背負えるだけ背負って、夜間、間道沿いに山を越えて、夜明け前に城へ持ち込むことを目指して出掛けたそうです。

祖母の父は、焼飯を大量に背負い、大刀を腰に差し、その上に槍を持って、皆を指図しながら出掛けたそうです。それが、あの三官の土手で、長岡藩の武士らの一団に襲われ、一瞬にして半数の者が殺されたそうです。

やがて、夜も明けて村人たちは「同志討ちだ、同志討ちだ」と、生き残った人たちで亡き骸を背負って、泣きながら西野俣へ帰ったそうです。元気に、しかも勇ましく出発して行った祖母の父も、物言わぬ姿で帰ってきました。

祖母が八歳のときの出来事だったとのことです。祖母は加えて私に「敵と間違われたのだ」とか、「槍や刀を持っていたからだ」「皆気が立っていたし、夜が明ける前が一番暗くなるからだ」とかを言い続けて語りました。

半蔵金駐屯の西軍が軍事行動を起こして、浦瀬へ移動したことがあり、それを長岡の城兵の偵察が城に知らせて、すわ敵兵来ると兵を伏せての警戒中を、西野俣の農民の一団が近づいて襲われたものと、私は思いました。

髪の毛が逆立つ死闘

次は、『長岡郷土史』第24号に掲載された谷崎誠二郎「私が祖母から聞いた戊辰戦争の事」である。

私の祖母は昭和四年、私が小学校五年生のときに、七十六歳で亡くなりました。その祖母が戊辰戦争の話をしてくれたことを、今でも忘れません。祖母の家は金峰《きんぷ》神社の東北のすぐ裏にありました。

中二階の板屋根で土蔵もあり、家の北裏畑続きの五十米位のところに西東に長い池がありました。その池へ下りるにはちょっとした坂でした。

今にして思えば、蔵王堂《ざおうどう》城の堀の跡だったかもしれません。

その池の向こう岸は、西東に通ずる畑道がありました。その先は桑畑で、ずっと向こうにカーバイト会社、今の「北越メタル」の大きな工場があって、その屋根から四六時中、白い煙があがっていました。

当時の祖母は七十数歳でしたが、幼い私に次のような話を聞かせてくれました。

長岡戦争が始まると蔵王の村も大騒ぎとなり、外へ出ると危ないと思い家の中にこもった。すると家のなかにいると敵が隠れているとて、また家に火を付けられるから逃げろと村中に触れが回った。

慌てて縁側の戸から間切りの戸など家の中が一目で分かるようにあけはなって、命からがら黒津《くろづ》の親戚へ逃げた。

また逃げ遅れた人は、畑の中の溜桶《ためおけ》のなかに隠れた。

溜桶は酒造会社が使うような大きなもので、高さは大人の背丈《せたけ》位で半分位土中に埋《う》めてあった。

臭いとか汚いとか言っておれませんで、そのなかに身を隠して難を逃れたというようなことを話してくれました。

もうひとつは、道に迷った官軍の兵と長岡軍の兵が、集落の池のほとりでばったり出会った話だった。

互いに敵と気が付き、驚いて立ち退きざま刀を抜いて向かい合った。

顔面は蒼白となり、かぁーと見開いた眼は飛び出さんばかりに相手を睨《にら》みつけ、その上、髪の毛は一本一本逆立ち、まるで、人間の顔とは思えぬおそろしい形相《ぎょうそう》になった。人間殺すか殺されるか絶体絶命の真剣勝負となればそうなるかもしれません。

しばらくその状態が続いたが、長岡兵はかなわぬと思ったのか、じりじり後へ下がると急に踵《きびす》を返して逃げ出した。それを追った官軍の兵は後ろから斬りつけたが、長岡兵が携帯食糧として背中にななめに背負っていた干飯《ほしいい》を斬られただけで逃げて行ったそうです。

これを物陰から見た祖母は、おそろしさのあまり生きた心地もなかった、と言っていました。

斬り合いというのは、そういうものかもしれなかった。

新発田藩の裏切り、山県に接触

河井継之助が重傷を負ったことで、長岡は敗れた。

長岡城を占領した薩長軍は、いよいよ会津攻撃作戦に着手した。その手始めが新潟港の奪取だった。

新潟港は列藩同盟軍の軍事基地である。武器を積んだ外国の貨物船が港に入り、同盟軍はここで武器弾薬を購入し、戦場に送っていた。ここを押さえれば、会津、米沢軍は武器弾薬が枯渇《こかつ》してしまう。これが狙いだった。

新潟を占領すれば、あとは阿賀野川沿いに会津若松まで進撃するだけである。

この作戦の決め手となったのは、新潟に近い新発田藩の内応だった。

世にいう新発田藩の裏切りである。

それはすでに六月から始まっていた。

長州藩参謀・山県有朋の『越《こし》の山風《やまかぜ》』の六月四日の記述に、下越《かえつ》五藩の家老、新発田の溝口《みぞぐち》伊織、村上の脇田蔵人、村松の笹岡豹太郎、黒川の中野東一、三日市の須永半之丞が連署して一通の嘆願書を出雲崎《いずもざき》の陣営に差し出したことが書かれている。

そこには会津の謝罪状もあり、越後水害の惨状を訴えて休戦を求めていた。

「もとより信用するに足るものにあらず」

と山県は一蹴したが、新発田藩が寝返りのサインを送ってきたことに、山県は、「脈がある」という確信を抱いた。

七月に入ると、新発田から二度目の使者がやってきた。

それは『越の山風』七月十三日の項に決定的な記述となって表れる。

「折から参謀楠田十左衛門、新発田人寺田某、相馬某の両人、同道して到着したるが、両人の言う処によれば、新発田は賊徒のために追われてやむを得ず多少の兵を出したりといえども、もとより王師に抗するの意あるにあらざれば、両人帰郷の上、国内を鎮撫《ちんぶ》し、王師を迎うることにしたしとのことにて、果たしてその言に詐《いつわ》りなければ、敵の背後に上陸すべき軍隊は、一層の便利を得るわけなり」

山県は大いに喜び、早速、海軍に協議をさせた。

新発田の二人は寺田惣次郎と相馬作右衛門で、両人はほどなく新発田藩は離脱を決断したと伝えてきた。

新発田藩の同盟離脱は、列藩同盟にとっては重大な裏切り行為だった。これは長岡藩が苦戦し、敗退間違いなしという情報が入り、離脱が加速化したものだ。

もともと新発田藩と会津藩、新発田藩と米沢藩の間には、ギクシャクした関係があった。

会津藩は再三、新発田藩を脅し、参戦を求め、米沢藩には領土的野心があった。戊辰戦争に勝利した場合、米沢藩は越後への侵出をもくろんでいた。

もともと越後は上杉の領地である。露骨《ろこつ》に越後侵出を口にし、新発田藩に余計な心配を与えていた。また、人間関係も藩同士の関係も微妙だった。信頼感が損なわれたとき、しばしば裏切りが起こった。

薩長軍、太夫浜《たゆうはま》に上陸

新潟上陸作戦は薩摩の黒田清隆《くろだきよたか》が指揮を執り、軍艦摂津《せっつ》と丁卯《ていぼう》の二隻に、千別丸、大鵬丸、錫懐《しゃっかい》丸、万年丸の四隻の汽船が動員された。

軍艦が護衛し、汽船には薩長を主力とする約千人の兵を乗せ、敵前上陸を敢行するという作戦である。これは海軍力の決定的な差であった。

長州の山県と薩摩の黒田はきわめて仲が悪かった。同じ参謀ながら絶縁状態で、ろくに話もしなかった。

しかし、今度は海上作戦である。軍艦を持っているのが薩摩なので、はじめて手を握っての共同作戦だった。

列藩同盟の最大の弱点は、海軍力がないことだった。

榎本武揚《えのもとたけあき》の旧幕府艦隊に再三、出動を要請したが、榎本艦隊はまだ江戸の品川沖にいて一向に動く気配がなく、新潟港の防備はないに等しいものだった。

七月二十三日、柏崎《かしわざき》を出た海上部隊は、この日のうちに佐渡の小木《おぎ》港に入った。

会津も米沢もまったく知らずにいた。

新潟の番所から米沢藩に第一報が入ったのは、二十五日早朝である。

にわかに大騒ぎとなり、新潟を守る米沢藩越後全権総督・色部《いろべ》長門《ながと》は二十五日未明、宿舎の光林寺で就寝中を叩き起こされた。

「佐渡方より蒸気船六艘、相見え候由、仁太郎小屋より御注進これあり候」

色部の従者の日記『越後御出勢日記』（米沢市史編集資料）は、第一報をこう伝えている。

仁太郎小屋は、信濃川河口の番所である。攻撃の情報が漏《も》れるのを防ぐため、上陸部隊は佐渡に一泊しただけで、二十四日夜半には佐渡を出港していた。

上陸地点は新潟港から東に約七里半（三十キロ弱）の距離にある、新発田藩領の太《た》夫浜《ゆうはま》だった。

広い砂浜で、現在は新潟市の一部となっている。

黒田清隆

遠浅になっており、沖合いから艀《はしけ》で上陸した。
上陸した薩長軍は、太夫浜の領民を動員して大量の軍需物資を船から下ろした。
この日、上陸したのは薩摩、長州、芸州、高鍋の四藩の兵士で、別働隊が新潟港の占領に向かい、本隊は新発田城に向かって新発田藩兵と合流、ただちに会津若松攻撃に向かう準備に入った。

山県と黒田の最終目標は、阿賀野川沿いに兵を進め、一日も早く会津を降伏させることだった。

突然の敵襲に色部は驚き、海岸に兵を出したが、太夫浜一帯の海は敵の艦船で埋め尽くされ、呆然と見入るしかなかった。

生首三つ、五百戸が焼失

新潟港を守る同盟軍は、米沢兵約四百と会津、仙台各百の合わせて六百だった。

新発田兵が薩長兵を誘導して阿賀野川を渡河、新潟港には軍艦摂津が回り、砲撃を開始し、手の施《ほどこ》しようがないありさまだった。

色部は新潟奉行所組頭屋敷に詰めていたが、雨あられと小銃を撃ち懸けられ、のぞき見ると四方一面、蟻のごとく敵方が散開していた。

色部は用人・浦戸儀左衛門、金内志津磨、斎藤作衛、五十嵐源次郎らを引きつれ白山堂の裏側で、敵兵五十人ほどと撃ち合いになった。敵はどんどん増えてくる。

「もはやこれまで」

最後は抜刀《ばっとう》して敵に突っ込んだ。斎藤は腰を撃たれて死亡、色部も鉄砲を捨て刀を抜いて突進し、右肩から胸板を撃ち抜かれて倒れた。浦戸が涙をはらって色部の首を打ち、それを金内と五十嵐に任せ、敵中に斬り込み、浦戸も銃撃されて命を落とした。色部の首は近くの畑に埋めて隠した。

この戦闘で、米沢兵三十二人、会津兵七人が戦死した。

薩長軍は新潟の古町通《ふるまちどおり》に放火し、約五百戸が焼失した。

長州藩が占拠した町会所の前には、網袋に入った同盟軍の生首三つを引きずる兵士がいて、その周りに黒山の人だかりができていた。

列藩同盟の補給基地新潟は、こうして陥落した。

また、列藩同盟の軍事顧問・ヘンリー・スネルは、このとき新潟を離れていたが、弟のエドワード・スネルはイギリスの蒸気船大坂号とヒューロン号から注文を受けた新式銃や弾薬を、伝馬船で陸揚げ中だった。これも押さえられた。

この日、折り悪しく鶴岡《つるおか》に帰郷する庄内藩中老・石原倉右衛門《いしはらくらえもん》の駕籠が、新潟に向かう先鋒部隊と太夫浜の手前で遭遇《そうぐう》した。

「止まれ」

駕籠はたちまち兵士に囲まれ、庄内藩士と分かるやただちに銃殺された。わずかに一挺の駕籠である。銃殺する必要もなかったと思われるが、太夫浜に石原の血が流れた。

新発田藩は家老・溝口内匠を総隊長とする八百余人の会津口攻撃隊を編制、水原町、赤谷村《あかだに》方面に出動、ただちに会津軍の追撃に移った。

幼主・溝口直正《なおまさ》は、家老の溝口半兵衛、用人の入江八郎左衛門らを従え、領内の島見浜から芸州の軍艦に乗って柏崎に入り、薩長軍首脳に忠誠を示し、薩長軍の軍門に降った。

その変わり身の早さには、驚くべきものがあった。

少年兵・遠藤平太《えんどうへいた》

新発田藩が裏切り、薩長兵が上陸した七月二十五日、会津藩の萱野右兵衛《かやのうへえ》隊は新潟に近い酒屋《さかや》にいた。

会津藩は越後に領地を持っていた。

安政《あんせい》六年（一八五九）から蝦夷《えぞ》地の警備に当たっており、蝦夷地への兵士や物資の輸送のために、越後の岩船《いわふね》、蒲原《かんばら》、三島《さんとう》、魚沼《うおぬま》の四郡に五万石の領地を得ていた。

その後、京都守護職就任に伴い水原代官所、出雲崎代官所などの領地に二万五千石を得ていた。慶応三年（一八六七）には、川の交通の要所新潟港に近い酒屋に代官所を置いた。

一報を受けた萱野右兵衛は、飯をかき込むや、四人肩の早駕籠で酒屋を発って水原に向かった。兵士たちも駆《か》け足で水原を目指した。

途中、満願寺村（現在の新潟市）の庄屋が朝食を用意してくれたので、その飯を食い、また駆け出し、水原に着いたのは七月二十七日の正午すぎだった。

それから戦備の手配に忙殺された。

本隊の大半が帰国したため、兵士、役人、若党、中間、槍持、草履取などを合わせてもわずか百五十人もいない。

新発田兵が向かってくることは必至と見て、新発田城下に通じる本街道を固めるため、水原から一里余の笹岡村（現在の阿賀野市）に梁瀬禎次の精兵三十人が向かった。町はずれに塁壁を数ヵ所築き、防戦の準備を行い、そのほか水原町の出口を五人ないし三人で固めた。

この部隊には十五歳の少年兵・遠藤平太《えんどうへいた》がいた。父虎之助《とらのすけ》と一緒に越後を転戦していた。

平太は郡方役人の鈴木源次郎、若党の鈴木清四郎との三人で新発田に通じる小路の出口を警固した。心細い限りの守備であった。

平太はまんじりともせず、ここで夜を明かした。

七月二十八日、鶏鳴《けいめい》暁を告げたので陣屋に戻ると、新発田方面に銃声がしきりに起こり、すぐに火災が発生し、炎々天を焦がし、黒煙が空を覆っていた。

敵が迫ったことを萱野隊長に報告すると、

「ただちに出立」

の号令が出た。急を要する事態である。

飯を食わなければ、歩けない。急いで炊事場に行き、飯を食べようとしたとき、陣屋めがけて銃弾がばらばらと撃ち込まれた。

一ヵ月前に会津から出兵し、ここに来たときは彼らは大歓迎された。盛大な見送りを受けて長岡に向かった。

それが今、敵の攻撃を受けているのだ。

数千両が散乱

陣屋は目も当てられぬ混乱を呈した。

陣屋の北に当たる天神堂長屋が、猛烈な火を噴いて燃え上がり、方々に出ていた兵が一時に駆け戻り、加えて付近の人々は逃げ惑い、その混雑はたとえようもないほどであった。

勘定所には数千両の軍資金があったが、これを運ぶ人がいない。

新発田兵に陣屋を目掛けて大砲を打ち掛けられ大いに狼狽し、千両箱二個だけは門前まで持ち出したが、運搬する術《すべ》はなく、一個の箱を破って各自、勝手に運ぶことになった。

残る千両は、陣屋の周囲の堀に埋めようということになったが、もう陣屋に戻れる見込みもないということで、

「半額やるから運ぶものはいないか」

と隊長が言った。すると、若党の鈴木清四郎が名乗りを上げた。

「よいしょ」

と千両箱を担いで出て行ったが、その後のことは不明だった。無事に会津若松まで運べたかどうかは、分からない。

千両箱騒動の間に、敵の攻撃は一層激しくなった。萱野隊長は、

「水原を敵に奪われ、何の面目ありや。ここで討ち死にいたす」

と抜刀して飛び出さんとした。これには一同大いに驚き、

「ここにて戦死するは犬死《いぬじに》に同様ならずや」

と、袖を摑《つか》んで引き止めた。

この騒ぎのさなかに、味方三人が被弾した。

いつも沈着な萱野右兵衛だが、このときばかりは感情が先立ち、日頃の迅速冷静《じんそくれいせい》な判断を欠く始末であった。それほど信じがたいことが起こったのだった。

平太は隊長の後を追って一目散に駆けた。父親は殿《しんがり》という危険な役目だった。平太は後ろ髪を引かれる思いで、先を急いだ。

代官所を出て中潟《なかがた》村まで来たところで、後から父が走ってきた。

再生の人に会するごとく喜色満面《きしょくまんめん》に溢《あふ》れ、雀躍《じゃくやく》として欣悦《きんえつ》せり。


平太はこのときのことを、日記にこのように書いた。

新発田兵を先鋒とする薩長軍の追撃は厳しく、とても食い止めることはできず、「やっと逃れてきた」と父が言った。

父が討ち死にしたのではないかと危惧《きぐ》していた平太である。父の姿を見たとき、どんなに嬉しかったことか。

「雀躍として欣悦」という言葉に、平太の喜びが溢れていた。

父はわずか三十人ほどの兵で、雲霞《うんか》のごとく攻め寄せる新発田兵と撃ち合い、逃れてきたのだった。

捕虜は虐殺が決まり

萱野隊長は、草水《くそうず》村と六野瀬《ろくのせ》村との間にある赤坂山に胸壁を築き、防戦することに決した。早速、この山を横断して胸壁を数ヵ所に築き、敵の襲来を待ち受けた。

八月一日の未明、銃声が四方に起こった。

「それ、戦闘始めたり」

と、平太は跳ね起きた。敵味方の激しい撃ち合いが始まった。

「敵に朝駈けせられしぞ、早々に出合え、出合え」

萱野隊長が方々を駆け巡り、声を限りに叫んだ。そこへ父虎之助が戻り、

「もはや味方にはすべて敗軍となりたり、遺憾《いかん》ながらここにては防戦の術なければ、隊長にも速やかに御退去なりたし」

と叫び、

「腕を撃たれた」

と、平太に告げた。

平太は驚いて父を見つめた。

「どこ」

「左腕だ」

と言う。左腕を銃丸が貫通しただけで、それほど重傷ではないというので、平太はひと安心し、父の刀を背負い、父に付き添って退却した。

赤坂山の死闘はしばらく続き、会津軍は死傷数十人を出して敗退した。

「新発田人め」

負傷者はうめきながら、そのまま放置された。

戦場では捕虜は虐殺と決まっていた。むごい仕打ちが加えられ、崖下を流れる阿賀野川に放り込まれた。

父の容態が日々、おかしくなっていった。歩行が次第にできなくなり、平太は、意外な事態に困惑した。敵がどんどん迫ってくるので、皆、われ先に会津若松を目指した。

途中、阿賀野川を船便が走っていたが、満員で乗ることができない。父は歩けなくなり、会津藩境の宿場、津川《つがわ》で倒れてしまった。

平太は焦《あせ》った。

従軍医が見た会津戦争

戊辰戦争における怪我人の状況について記したものに、英国人医師の『英国公使館員の維新戦争見聞』（校倉書房）がある。薩長軍の要請で従軍したウィリアム・ウィリスの記録である。

ウィリスは越後と会津の戦闘で負傷した両軍の兵士の治療や診断にあたったが、その数は、「ミカドの軍隊が九百人、会津兵が七百人」であったという。

会津兵は落城後に診察、治療したもので、小指の切除手術から大腿部の切断手術まで、大小さまざまの手術を三十八回行っている。また二十三の銃弾を体内から摘出し、二百人の患者から打ち砕かれた骨を除去した。

「現地の日本人医師たちは、大手術を成功させる知識が全く不十分で、傷口が大きく割れていても、絆創膏《ばんそうこう》で閉じておかないので、肉を露出したままの創傷の表面は、化膿性《かのうせい》の排出物を出して重大な生命の危険を引き起こした」

と、ウィリスは述べたが、平太の父の傷口も日を追って悪化していた。

八月十日、平太はようやく父を会津若松の野戦病院に運び込んだ。銃弾を浴びてからすでに十日も経っており、腕から悪臭が漂っていた。

腕は壊疽《えそ》状態になっていた。

野戦病院に来ていた西洋医の松本良順《まつもとりょうじゅん》は、「二の腕から切断しなければ、治療の道はない」と診断した。

良順は、長崎で西洋医ポンペから近代医学を学んだ旧幕府の外科医である。良順に託すしか方法はなく、左腕切断の大手術が行われた。

御小姓奥番・小野権之丞《おのごんのじょう》が主君の口上書を持参して見舞ってくれた。

父は感激して、

君のため早片腕と成りしかど

国の行く末如何知られん

と詠んだ。

八月二十三日、薩長軍がついに会津若松の城下に侵攻した。

野戦病院にも火が放たれる

城下は大混乱となった。

野戦病院の入院患者はそのまま放置された。這い出して堀に身を投げる者、短剣で首を刺す者、ここも地獄の光景だった。やがて火が放たれ病院は火炎に包まれた。

平太は父を背負い、本郷村を目指したが、助けてくれる人は誰もいない。皆、避難に懸命で、他人の面倒まで見ることは不可能だった。幸い知人が通りかかり、母の実家に運ぶことができた。

「敵が来た。刀をよこせ」

父は錯乱《さくらん》状態となり、八月二十四日、苦悶の形相《ぎょうそう》で不帰《ふき》の客となった。享年四十一だった。

平太はこの日を境に戦場から姿を消した。

後年、平太は本郷村の村長を務めた。日記の最後はこう結んであった。

かくのごとく悲痛凄惨《ひつうせいさん》の憂《う》き目を見しは、先見《せんけん》の明なく、無知短才《むちたんさい》の致すところにして感慨無量《かんがいむりょう》の次第なり。

噫々《ああ》天なるかな

平太は会津藩首脳部の判断の誤《あやま》りを批判した。

平太は武士ではなく陶器職人の倅だった。会津の危機というので、父と一緒に志願したため、このような結果を招いた。

新発田藩の複雑な事情

新発田藩はなぜ裏切ったのか。新発田藩には屈折《くっせつ》した事情があった。

ひとつは会津藩との関係である。会津藩は、新発田藩を取り巻くように越後に領地を持っており、絶対に無視できない存在だった。

鳥羽伏見の戦いで敗れ、朝敵の汚名を着せられたが、その軍事力は、周辺を圧倒するものがあった。

参勤交代の際、会津若松経由で江戸に上ることも多く、慶応四年の政変の際は、一月に幼君・溝口直正公、三月に老君直溥《なおひろ》公が会津若松経由で帰国した。

その際、会津藩から二度にわたって会津に味方するよう強く求められた。

鳥羽伏見の戦いの折、薩長の要請によって兵を出したことに会津藩は怒りを募らせ、三月帰国の際は、会津藩家老・西郷頼母《さいごうたのも》が宿舎に乗り込み、

「今日に当たり勤王、佐幕は両立せず。老公に面会し、その説を聞かん」

と強い剣幕で怒鳴った。

領内に会津兵の駐屯《ちゅうとん》も求められ、藩内の勤王派は会津に対して反発を募《つの》らせた。しかし会津は強力な武力集団である。米や資金、小銃の借用申し込みが相次ぎ、米は五千俵、金は三千両、小銃は百挺、用立てた。断れば、武力侵攻もありえた。

もうひとつ米沢藩との関係も微妙だった。

米沢藩は戊辰戦争に勝利した場合、越後に領地を持つことを希望した。米沢藩主・上杉氏の出は越後である。それは米沢藩重臣の願望だった。これに対して新発田藩は米沢を警戒した。

米沢藩は幼君を米沢に差し出すことも求めた。

人質である。

これはいかなる手段を使っても阻止しなければならなかった。

見せかけの百姓一揆

米沢藩が、幼君を人質に取る実力行使に出たのは、六月九日だった。

このとき、米沢藩主・上杉斉憲《うえすぎなりのり》が藩兵千余を率い、越後下関《しもせき》に出陣した。この時期になっても新発田藩は列藩同盟に加わらず、去就が決まっていなかった。ここにおいて、米沢藩も強硬手段に出た。

新発田の幼君に出頭を求めたのである。

新発田藩幹部は農民を動員し、百姓一揆に見せかけ、幼君の下関行きを阻止した。

『米沢市史』にこうある。

この日、新発田侯溝口誠之進《せいのしん》、いよいよ関本陣へ参らるるとて出張の処、俄かに百姓ども数百人、法螺貝《ほらがい》を吹立、棒竹槍等を持ちて集り来り、只今、米沢の命に御従い官軍へ御敵対あるに於ては、たちまち御滅亡に及ぶべし。

かつ殿様関表へ御出あらば、直に米沢へ連れ行かるべし。決して遣《おく》り申こと相成らず旨申し唱え、米沢口の上木戸《かみきど》を閉して、大勢取固め、強《しい》て押止む……

官軍と敵対してはならないと阻止したのだった。

農民の数五、六千人とあった。

これに怒った会津や米沢は、兵を出して新発田を包囲した。ここに及んで新発田もようやく同盟に加わったが、同盟軍は各地で敗退、歯止めが利かず、新発田の同盟離脱を止めることができなかった。
最終的に新発田は、官軍に寝返り、会津、米沢藩に攻撃を加えた。

城主自らの戦死はない戦争

越後の史家・今泉鐸次郎《いまいずみたくじろう》は『河井継之助傳』の中で、新発田藩を大要こう批判した。

東西両軍の間に立ち、そのいずれにも秋波《しゅうは》(流し目)を送り、節義を売り、利勢を追い、かくして巧みに勝者の背後に随従《ずいじゅう》し、よってもって勤王の美名《びめい》のもとに、過分の恩賞を得たる者なりというを至当とせんか。もしこれを利巧なりと賛すべくんば確かに新発田藩は利巧者なり。
表裏反覆《ひょうりはんぷく》、あたかも娼婦のそれのごとくに節義を売り、誓約を破り、しかして利巧者の名を博したる新発田藩に較ぶれば、一藩の面目を重じ、あくまでもその誓約に信頼して、為に愚直《ぐちょく》の嘲《あざけり》を買いたる東軍諸藩の行動や、これを我が武士道の上より見て、極めてその尊きを知る。

これに対して『戊辰役戦史』の著者大山柏《おおやまかしわ》は、こう論評した。

（新発田藩を）同盟諸藩は甚《はなは》だしく非難しているが、これは五十歩百歩、城を枕に討死するのが武士の本懐であっても、遺憾ながら戊辰役では、城主みずから本城に立て籠《こ》もって、城を枕にして戦死した例は一例もない。攻陥された平城、二本松城、長岡城等のごとき、いずれも城主は城から脱出、避難している。会津城ですらまた然《しか》りである。

だから当時としては大義名分よりも、お家第一主義で、その非難している各藩がやはり降服、帰順したのでは文字どおりの五十歩百歩で、あえて新発田藩だけが非難されるには当たるまい。

私は大山説に加担する。会津藩と異なり、新発田藩には薩長と何が何でも対決すべき理由がなかった。周囲の情勢により、列藩同盟に加わったに過ぎなかった。

しかし、裏切りは裏切りであり、新発田の歴史に暗い影を残すことになる。

時代は変わったか

私は越後の戦場を取材した折、周辺の寺院を訪ね歩いた。そこでは戊辰戦争で命を落とした兵士の墓にもよく出くわした。

十年ほど前、長岡近郊の寺院に立ち寄ったときだった。

住職は不在で、六十代の品のいい住職夫人が対応してくれた。

「うちにも会津の方の墓があるんですよ」

と言って、お茶をご馳走《ちそう》になった。

「私は長岡の士族の家に生まれました。父から新発田の人とは口をきいてはなりませんと言われ育てられました。長岡が敗れたのは新発田が裏切ったせいだ、と父は言っておりました。

ですから私は新発田の人と聞くと、緊張して見つめたものでした。長岡は勝っていたのです。それなのに、新発田が裏切って、敵兵を入れて後ろから攻めてきたのです。卑怯じゃありませんか。父はこの話になると、とても興奮しておりました」

住職夫人は、そう話した。

「分かります。会津でもそうおっしゃる方がおります」

「そうでしょうねえ、ところがですね」

ご夫人の様子が突然、変わった。

「私はお茶をやっておりまして、なんとそれが、新発田で茶会があったのです。私には父の言いつけがあるでしょう。迷ったのですが、もう昔の話でしょう。思いきって出かけたのです。そうしたらどうでしょうか」

ご夫人はにこやかな表情になり、笑ってこう言った。

「それがねえ、いい人ばっかりで、楽しかったのです。以来、よく新発田に出かけています。父はどう思っていますかねえ」

「時代は変わったか。そう思っているでしょうね」

と、私は言った。

記憶から消えぬ裏切り

その長岡で、まったく逆の話も聞く機会があった。

長岡の教育関係者が、講演会を開くことになった。選ばれた講師は教育現場で成果を挙げている人物だった。

万端、準備が進んだ。講演会が、あと一週間後に迫ったとき、

「ところで、先生はどこの出身かな」

と、関係者のうちの一人が言った。

「さあ」

意外なことに誰も知らない。あわてて調べてみて、関係者は愕然《がくぜん》となった。新発田だったのだ。

「まずいよ、それは」

皆、頭を抱えた。

「困った、困った、しかし、これは駄目だ」

結局、中止となった。

これも本当の話である。この新発田藩の裏切り、百年経っても百五十年経っても消えることはなかったのだ。

この根の深さは何なのだろうか。それは終章で考えたい。

新発田には幕府アレルギーもあった。

旧幕府の歩兵部隊、古屋佐久左衛門の衝鋒隊《しょうほうたい》は、越後に入るや五千両の借金を申し込んできた。これを千両に値切りホッとしたのも束の間、水戸藩の脱走兵が入り込み、千両を出させられた。

ほどほどに蓄《たくわ》えもある小藩の悲哀だった。

第八章　女たちの会津籠城戦

女子たちの会津戦記

敵が会津に攻め込んだとき、城下にいたのは婦女子と老人だった。

兵士たちは藩境に出ており、カンカンと半鐘を乱打するなか、婦女子と少年、槍を抱えた老人が城を目指して夢中で走った。

昨夜からの強い雨で風も強かった。

滝沢峠の方向から銃声が聞こえ、それが段々近くなった。

藩から避難勧告は出ておらず、病人を抱えた家族が途方にくれた。驚きのあまり家に火を放って自決する者もあった。

砲術師範の家に育った山本八重《やまもとやえ》は、男装して、麻の草履《ぞうり》を履き両刀をたばさんで、元込め七連発銃（スペンサー騎銃）を抱えて城に駆《か》けつけた。明治以降、京都の同志社大学の創立者、新島襄《にいじまじょう》と結婚して新島八重子を名乗る。

着物と袴は鳥羽の戦で討ち死にした弟のものだった。何が何でも弟の敵《かたき》を取らねばならない、八重はそう決心していた。

城の廊下橋には、入城者が沢山集まっており、門の前には、武士が抜刀して、

「たとえお女中たりとも卑怯なことは許しませぬぞ」

と声高く叫んでいた。

白無垢《しろむく》に生々しい血潮の滴《したた》っているのを着ている婦人もいた。

これは多分、家族に足手まといの者がいて、手に掛けて、その足で入城したに違いなかった。その他、小さい子を背負った者、老人の手をとって来る者、それは種々さまざまだった。

本丸へ行くと、大書院には、大勢の女中が照姫《てるひめ》様（藩主・松平容保《かたもり》の義姉）を取り囲んで警護していた。

皆、懐剣《かいけん》を持って、いざとなれば城を枕に討ち死にする覚悟だった。

「わああ」

という喊声《かんせい》をあげて、城門まで敵兵が攻め寄せた。

八重は城壁の上から小銃を乱射し、大砲まで引き出して敵陣に発射した。

その勇ましい姿に皆、仰天した。

老人は槍を持って突進し、敵を城門から追い出した。

入城した女の役目は、ご飯を炊くこと、弾丸を作ること、負傷者の看護をすることの三つだった。

炊事は大変だった。

大きなお釜を幾つも並べておき、順々に炊ける傍から握り飯を作るのだが、炊きたての飯は熱くて熱くて、手の皮がむけそうになる。

一つ握っては水に手をつけ、また一つ握っては水につけた。

黒く焦げたところや、土に落ちた飯を女たちが食べた。汚いとか、気味が悪いとか、まったく考える暇がなかった。

ある晩、八重が廊下を通ると、長い廊下一面に兵士が寝ていた。長く激しい戦争で疲れて寝たのであろう。風邪でもひいてはならぬと、灯火をつけてみると、寝ていると思ったのは、死体だった。

戦死者の死骸の置き場がなくなり、廊下に並べておいたのだった。

七歳の少年、母とともに切腹

八重は入城当時、側女中見習いだったが、間もなく側女中格に昇格した。確か、その日のことだった。

太鼓門の方へ出ようとして玄関を降りると、十二、三歳の男の子が十三、四人、可愛らしい武装をして調練をしていた。八重の姿を見て、

「お八重さま、戦争をするなら連れて行ってください」

と、一度に駆け寄ってすがりついた。

八重は、こんな子供までもが我が君のために命を捨てようとしていることを知り、思わず涙がこぼれた。

「いいえ、私は戦争に行くのではありません。戦争のときは知らせてあげるから、それ

までは、おとなしく待っておいでなさい」

と言うと、子供は素直に承知して、また調練を始めた。

開城の少し前のことだった。

太田小兵衛という者の七歳の息子は、煙硝庫が破裂したとき、もはや落城と思って、母親とともに切腹した。

驚いて近寄ったときは、もう手遅れだった。

「何というけなげさか」

八重はあふれる涙を抑え切れなかった。

ある婦人は、母と娘と三人で入城していたが、

「いざという場合には、母と娘の介錯《かいしゃく》は自分がするが、もしや、そのために死に損のうたら、私の介錯をしてもらいたい」

と周囲に頼んでいた。

八重は気丈な女だった。自分は女という意識があまりなかった。いつも男と同じ意識でいた。京都に残った兄の覚馬は、「男も女も同じ」という考えの人で、剣術でも鉄砲でも分け隔てなく教えてくれた。

会津藩の家訓《かきん》十五ヵ条には、「女と戸外で口をきいてはならぬ」とあったが、一笑に付していた。

だから八重は、戸外でも自由に口をきいた。いつの間にか会津では特別な女になってしまい、籠城《ろうじょう》してすぐに主君・容保公に大砲の砲弾について説明を申し上げた。

米沢藩は逃げ腰

敵が城下に攻め込んだ日、主君容保は米沢に援軍を求めた。

会津と米沢の間には、攻守条約が結ばれていた。会津若松に敵が押し寄せたときは、いち早く米沢が援軍を出し、その逆の場合は、会津が兵を出すという、いわば安保条約だった。

米沢は最も近い盟友である。誰もが援軍を期待した。来ると信じていた。

最初に米沢に向かったのは、騎西信蔵と山口沢右衛門の二人だった。二人が駕籠《かご》を飛ばして米沢の関門一の関まで行くと、大樹を切り倒して道を塞《ふさ》いでいる。

なぜか不穏な感じがした。

そこを越えて二の関に至ると、なんと数百人の兵がたむろしていた。

旧幕府兵や仙台兵、二本松兵、新選組などで、会津を逃れてきた兵隊だった。ここで足止めを食っているのだ。

「われらは会津藩の使者である。君命によって貴国に旅する者なり」

と叫び、開門を求めた。すると門内に入れてくれた。

二人が米沢領の綱木《つなぎ》にたどり着くと、我が会津藩の平尾豊之助に出会った。

「ここを守る将は余の知り合いだ。ともに行って出兵を謀《はか》らん」

と言うので、面会を求め、援軍を頼んだが、ここの守備兵は農兵と商兵で、いかんともしがたい。夜になったのでここに一泊し、平尾と別れて米沢城に向かった。

米沢には、公用人の山田貞助が滞留していた。山田も加わり、打ち合わせをして援軍を要請したが、応対に出た人物は、

「兵少なく、力及ばず、小坂口の兵が引き揚げれば、援軍を送る」

ということで、いい返答を得ることはできなかった。

「噂では越後で恭順《きょうじゅん》したということだ」

山田が言った。

「同盟を裏切ったということか」

「そういうことになろうか」

山田は暗い顔をした。

土佐藩、米沢に降伏勧告

このときの米沢藩の動きは、『米沢藩戊辰文書』に詳細に記述されている。

米沢藩はひそかに、官軍と恭順の打ち合わせを行っていた。

知らぬは会津ばかりなりという状況だった。

動いたのは越後の米沢軍だった。

越後の米沢軍は、薩長軍の松ヶ崎、太夫浜《たゆうはま》上陸と新発田《しばた》藩の裏切りによって敗走し、藩境の大里《おおり》峠を最後の防衛戦とし、薩長軍の侵攻を食い止め、併せて止戦工作を進めようとした。

そこへ下関《しもぜき》村の渡辺利左衛門が、安芸《あき》藩の密使として米沢軍本営を訪ね、降伏を勧告した。

利左衛門は米沢藩の御用商人でもある。発言力は大きかった。

これと相前後して、二本松口の土佐藩参謀・谷干城《たにたてき》、片岡健吉《かたおかけんきち》らも福島の伊達《だて》郡小坂村に進駐していた米沢藩陣営に使者を送り、降伏勧告を行った。

仙台藩と同じく、寛典《かんてん》（情けある扱い）に処するという内容で、米沢藩首脳の心をゆさぶるに十分だった。

「このたび会賊追討のため、天兵を差し向けたところ、あにはからんや貴藩も厳然抗《こう》拒《きょ》の趣、驚愕《きょうがく》の至り、貴藩祖上杉謙信公は戦国分裂の世、天下無道の際に、断然処断され、その大義は凛然《りんぜん》、史書に明らかなり」

と、謙信公の業績をたたえ、

「恭順謝罪《しゃざい》すれば、藩祖の美名を取り戻すことができる」

ともちかけた。これは米沢藩首脳を納得させる内容を含んでいた。

加えて上杉鷹山《うえすぎようざん》の故郷である高鍋藩からも降伏勧告を受けた。

もともと腰が引けていた米沢藩にとって、これは渡りに船だった。

ただ心のどこかに、会津の武勇に期待するものもあった。

それは、会津が敵を撃退してくれるかもしれないという淡い期待だった。

しかし、母成《ぼなり》峠が突破されたことで、すべては幻と消えた。


「ああ残念、これも天命なり」


母成峠陥落の第一報が米沢本庁に入ったのは、慶応四年（一八六八）八月二十二日夜だった。それは仙台藩士からの情報だった。

続いて藩境の綱木の守備隊から第二報が入り、

「賊は猪苗代《いなわしろ》に侵攻、会津藩主が猪苗代に兵を繰り出した」

という緊迫した内容のものだった。

これを聞いた米沢藩軍事総督・千坂太郎左衛門《ちさかたろうざえもん》は、

「ああああ」

と吐息を漏《も》らし、越後藩境の参謀・甘糟継成《あまかすつぐしげ》に二十三日付けで次の急報を送った。

会津石筵《いしむしろ》より破れ、猪苗代は残らず焼失に相至る。城下へも切迫の勢い、ああ残念、これも天命なり。やむをえぬ次第なり。

この段に立ち至っては、国家が存立するよう死力を尽くすしかない。早々に帰国、これあるべし、というものだった。

それは恭順降伏を意味した。

千坂の脳裏にあるのが、同盟の破棄であった。

八月二十四日以降、米沢藩内に飛び交う文書は、会津落城という決定的な字句で埋《う》め尽《つ》くされ、米沢藩は二十四日の会議で正式に恭順を決めるに至った。

越後口から米沢本庁に戻った参謀の甘糟は、前線の斎藤篤信に、

「今暁蔵田熊之助会津より駆け戻り、昨二十三日早朝より若松城下、大戦を迫られ、八方へ火を放たれ、もはや落城の体、見届け来り候」

と伝え、二十四日には、

「一刻も早く悔悟《かいご》謝罪、これなくては御国も危亡旦夕《きぼうたんせき》との廟議《びょうぎ》に決した」

と急報した。

一日の砲弾千二百八発

会津城内の人々は、米沢の援軍を信じていた。

救援を求める第二陣、第三陣が米沢に向かったが、関門で止められ、その場で切腹するものもいた。

米沢が動かないことを知った会津藩首脳は、孤立無援の戦いを覚悟した。

残された道は決死抗戦しかない。

死ぬまで戦い、この戦争の是非は後世の審判に仰ぐという心境だった。

いうなれば玉砕だった。

薩長軍は、若松城を見下ろす小田山《おだやま》に砲台を築き、城に向かって連日連夜、砲撃が加えられた。

時には砲弾が御殿の中で破裂し、屋根を破って五寸釘で打ちつけてある床板をひっくり返し、土を掘る有様だった。

それは足の踏み場もない光景だった。

九月十二日、ある人が城内の月見櫓《やぐら》で官軍の発した砲丸を数えていたら、その日一日で、千二百八発あった。

これは一度音が聞こえるたびに、黒い点を打って数えたという。

丁度、この戦争の激しい最中のこと、ある晩、山本八重が中臈《ちゅうろう》の瀬山と夜廻りをすると、向こうから一人の武士が来た。腕に負傷している。

「誰か」

と尋《たず》ねると、

「酒の上で同僚と争って負傷いたしました。療治所はどこでしょうか」

と言った。すると、瀬山は女でこそあれ、さすがは中臈だった。

「今日の大変に、殿様に捧げた体を軽々しく酒の上に傷つけるような人に、療治所は教えられません」

と、キッパリはねつけた。八重もなるほどと感心した。

腕に負傷していた武士は、江戸の彰義隊《しょうぎたい》で戦い、幕府軍の会津への退却戦を指揮した会津藩士、秋月登之助《のぼりのすけ》（江上太郎）だったと、間瀬みつ『戊辰後雑記』（『会津戊辰戦争史料集』新人物往来社所収）にある。

城中の八重の戦いぶりは凄かった。大砲を放ち、小銃で撃ちまくった。

このとき、城外で戦う兵士もいた。

砲弾の跡がそのままの鶴ヶ城古写真　会津若松市所蔵

後ろを見せるは男児の恥

朱雀《すざく》寄合四番隊の兵士、十八歳の三沢千賀良《みさわちから》もその一人だった。

戦後、神奈川県庁に勤め、晩年は会津高等女学校の書記をしながら戦闘記録を書き綴った。

三沢は白河城の攻防戦に参戦し、八月二十六日からは、城南天神橋口にある豊岡神社を拠点にして、ゲリラ攻撃を行っていた。豊岡神社は三ノ丸の南にある仏閣で、近くに東照宮、熊野権現、延寿寺などがあった。

ある日、一堰《いちのせき》村を掃討中、突然、民家から躍り出た者があった。慌《あわ》てることなく、腰下に銃砲を提げ発射した。近寄ってみると禿頭白髪《とくとうはくはつ》の一老夫だった。

号泣していわく、自分は薩州七番隊の夫卒《ふそつ》で、弾薬を担い、常に軍隊に随《したが》う者なり。助命あらんことを、と懇請した。

銃丸が右股を貫き、流血淋漓《りゅうけつりんり》である。弾薬箱を点検すると、弾丸は一発もなく、賊の敗北は明らかだった。

一撃を加え、命を絶たんとすると夫卒は激しく泣き、命ごいをした。惻隠《そくいん》の情、弾丸を加うるに忍びなかった。すると上司が、

「汝は何者か、賊に与《くみ》するつもりか」

と言って、「くたばれ」と罵《ののし》り、木材を振って打ち付けた。自分はこれを制したが、上司は数回、この夫卒を乱打し、そのまま棄てて小山村に向かって進撃した。

後で聞けば、狙撃隊士が来て、刀でこれを寸断したという。

また、西方の新屋村でのことだった。賊が逃げ去るのを見つけた隊員の鈴木が大声で、

「武士にして後ろを見せるとは、男児の恥なり。卑怯《ひきょう》の極《きわ》みではないか、速やかに戻って勝負せよ」

と叫んだ。

賊がこれを聞いてとって返した。まさかという光景だった。

相手は刀を抜いて上段に構えた。鈴木も鉄砲を捨て、刀を抜いた。

鈴木は賊の一刀を左方に受け流し、賊の肋部《あばら》をそいだが、賊の一刀が鈴木の左眼球を中断し、鮮血があふれて鼻口から流れた。

重傷だった。

鈴木は左手で流血をぬぐい、右手で賊と斬り結んだ。

そこに隊長が来て、「くたばれ」と賊の咽喉《のど》を刺し、賊は路傍の溝に転がった。

手拭い包帯で鈴木の傷口を止血し、隊員の松崎が鈴木を護送し、城に向かった。

三沢らは、八幡大菩薩《はちまんだいぼさつ》の五字を大書し、城内備え付けの槍（俗に「うち柄」という）

に結び隊章とし、農兵一人が常にこれを持って隊長に従った。

その槍で、倒れている賊の腹部を何度も刺した。

賊は苦痛の声を上げ、眼を開き、頭をもちあげ起きようとした。

戦争は残酷だった。

殺すか、殺されるかだった。

三沢も槍や刀で斬り結んだことがあり、薙刀《なぎなた》を振るって戦ったこともあった。

首は七つ、八つ、斬り落とした。しかし断髪は提げるのが不便で、ひとつのほかは、ことごとく捨てた。

松崎が鈴木を伴い青木村に至ると、小田山上にある賊軍が連発射撃をしてきた。松崎は鈴木を残し、隊に戻ってきた。

鈴木がその後、どうなったかの記載はないが、「死んだところは分からない」とあるので、命を落としたことは間違いなかった。失血により動けなくなったのかもしれなかった。

小田山から大小砲がしきりに発射されたが、誰一人傷つくものはなかった。新屋村より南町大橋を経て、帰城した。

鈴木は前夜、隊長に面接し、小田山進撃の策を献じたが、容《い》れられず、激論数刻、遂に排斥するところとなり、自ら死を選んだのだという人もいた。

この日、赤塚三郎ら三人の隊員が負傷した。

赤塚は後に病院で死亡している。

我が軍、日々に減少

三沢は九月十九日、御近習二ノ寄合に昇進した。当時、父は西出丸にいた。自分の持ち場である豊岡神社とは数丁しか離れておらず、夜、往来して安否を確かめた。数丁というと、数百メートルの距離である。

当時、城中の流行言葉《はやり》は、「まだ死ななかったか」だった。

「あいつは死んだ」

「こいつも死んだ」

そういう話ばかりだった。

ついには敵に通じる者も現れた。

酒井又兵衛がそうだった。城内にありながら密かに敵に通じていたのだ。

その事実が発覚し、ついに縛られて城南五軒町で斬首され、竹で三叉《みつまた》を作り、天守閣の下に梟《さら》された。人々は怒り、唾《つば》を吐きつけた。

ある日、父から、急いで来いという連絡を受けた。

城に入ると、倉庫の軒下に誘われ、父はひそひそ声で言った。

我が軍、日々に減じ、賊の勢い日々に加わっている。四方天下の大勢を受け、外に援軍なく、落城は時間の問題であり、極めて危ない状態だと言った。

「風に聞く、某は脱して行く所を知らず。某は民間に潜伏、はなはだしきは、子を諭して脱走させる者までおる」

と、父は嘆いた。

藩祖の保科正之《ほしなまさゆき》公が信州《しんしゅう》高遠《たかとお》から出羽山形に移り、その後、会津に移って二百余年、我々は藩祖の恩恵を受けて生活してきた。

「今、危きを見て、ひとり自分だけ生きようとするのは、武士の道に反することだ。君臣の義ではない。祖先に対して不孝、君に対して不忠、是より大きな罪はない。お前はまだ若輩ではあるが、国の存亡安危《そんぼうあんき》を顧みず、一身の安全を望むがごときは武門の恥である」

父は厳しい表情で言った。

「お前が、死んだと聞けば、父も直ちに自刃し、お前をあの世、黄泉《よみ》に伴わん」

とも言った。

三沢千賀良《ちから》は項《うなじ》を垂れ、沈思黙考《ちんしもっこう》したあと、

「今こそ君恩に報いるとき、安易に他人に倣《なら》うがごときはない。すべては、主君の御意志に従う」

と答えると、父は大いに喜び、

「誠に我が意を得たり、自愛せよ」

と言って別れた。

親子、兄弟姉妹、皆、いずれは死ぬことを予感した。

会津人は皆殺せ

この頃、米沢藩の千坂太郎左衛門は、斎藤篤信と黒井小源太を正使として軍監の庄田総五郎、中条政恒《なかじょうまさつね》を同道させて越後の官軍本陣に向かわせ、降伏の条件について談合を始めていた。

薩摩の村田勇右衛門、安芸の寺本栄之助、長州の奥平謙輔らが斎藤と黒井を中座に導き入れ、総督府に上申する書状をしたためるように命じた。斎藤と黒井は別室に入り、

一、藩主若《も》しくは世子が総督府に出向き謝罪する。
一、各方面の出兵を撤退、米沢に謹慎させる。
一、沿道の塁壁を一切撤去する。

との書状を提出し、謝罪した。しかし、これで終わるはずはなかった。

一、兵五千人の食糧十日間分と草鞋《わらじ》七万五千足、人足千五百人を用意せよ。
一、米沢に拘置する会津人は怪我人を含めて全員、殺戮《さつりく》すべし。
一、若松城に乗り込んで火を放つべし。

など、厳しい要求が突きつけられた。

若松城に火を放つなどできない相談も多く、どこまでこうした要求が実行に移されたかは分からないが、家臣たちは戦々恐々、

「米沢の酒を皆集めて、官軍の陣営に届けるべし」

といった提案もなされた。

降伏するまでは、やさしい顔をするが、降伏が決まれば、厳しい要求を突きつけて、こき使った。

米沢藩は終始平身低頭、頭を下げるしかなかった。越後の戦闘でもこれといった戦果はなく、残念ながら米沢藩には、謙信以来の武士道は見られなかった。

ほどなくして、仙台も恭順した。

「仙台城下で戦争をすべきでない」

と、藩主の伊達慶邦《よしくに》が裁断した。

やむを得ぬことだった。これは薩長軍も望むものだった。仙台が退いてくれれば、あとは会津藩だけである。薩長軍首脳に安堵《あんど》の空気が流れた。

会津藩、ついに降参

若松城内で戦う兵士に上官から、降参の意向が伝えられたのは、九月二十一日の夜だった。

三沢の部隊にも召集がかかった。

隊長は姿勢を正して、これは主君のご意向であると、次のように伝えた。

「四方賊の囲む所となり籠城守戦、すでに三十日、予一人のために数千の子弟人民、困苦の状、見るに忍びない。風に聞けば錦旗《きんき》領内に臨《のぞ》むという。我にいささかも朝廷に抗するつもりはない。ここにおいて、速かに城門を開き降を請い、藩士祖先の祭祀を全うせしめ人民塗炭《とたん》の苦しみを救わんと思う。誰でも構わぬ、良策があれば腹蔵なく申すがよい」

皆、顔を見合わせた。

隊長は、さらに、

「糧食が乏しいからではない。弾薬の供給がないからではない。しかしながら我が軍、日々に減少し、官軍はこれに反し日々、兵が加わっている。こうなれば死を待つの外に道はない。死はもとより決する所である。しかし、いかがすべきかは、すべては主君の意に随うのみである」

と語った。

三沢は降伏に決したのだと察した。

二十二日、銃器をすべて北門外（北追手外、馬繋《つな》ぎ場）に積み上げるよう命じられた。三沢らは七、八名と大砲を天守閣の下におろした。

そのとき、主君の姿が目に止まった。

城内に兵器庫があり、そのなかに空井戸があった。俗に売井戸と称し、常に石でおおい、非常に備えた。籠城中、死者はことごとく、このなかに投じた。

老君容保公と若君喜徳《のぶより》公が遺体を投じた売井戸に焼香された帰り道であった。

容保公が足を止め、

「どこの隊士であるか」

と問うた。

皆、路傍にひざまずき、

「朱雀四番中隊の兵士にして豊岡を守れる者でございます」

と答えた。すると、容保は、

「皆の者、大儀であった」

と言葉をかけてくれた。

三沢は感無量だった。

その日、降参の二字を書いた旗が城門に立った。七日町下および小田山上より大砲が発射された。敵軍止戦を伝える号砲だった。開城になったのが、九月二十三日だった。

会津兵は三ノ丸を出て、滝沢村から猪苗代に向かい。謹慎した。途中、敵兵から罵声を浴びせられ、皆、涙してその屈辱に耐えた。

この日、八重は、

あすの夜はいづくの誰かながむらむ
　なれしみそらにのこす月かげ

と城壁に大書した。

両主君は滝沢の妙国寺《みょうこく》に閉居した。

三沢が所属する部隊は信州松代藩に御預とのことで、翌明治二年（一八六九）一月九日、猪苗代を出発した。豊前、小倉の藩兵二小隊が護衛した。

宇都宮まで来ると、都合が変わり、江戸に収容されることになった。

松代藩（現在の長野県長野市）は小藩であり、数千人を扶持《ふち》することはできないと断ったためであった。千住宿に着くと、小倉藩（現在の福岡県北九州市）から酒肴が贈られた。

十人に酒一升と鯣《するめ》一把《わ》だった。

江戸に着けば斬首の刑になるだろうと、この夜は酒宴を張り、朝方まで歓談した。

他の大半の部隊は上越高田へ送られた。

終　章　同盟瓦解《がかい》の戦犯たち

四分五裂《しぶんごれつ》

勝海舟《かつかいしゅう》は奥羽越列藩同盟の瓦解《がかい》を聞いて、こう論評した。

はじめ奥羽の戦が起こるや、幕府の官吏から江戸っ子に至るまで、列藩の強を誇り、その義を褒《ほ》めた。

ただ空想して必勝を頼み、われの話を聞かず、ひそかにいう所を聞けば、

「奥羽は大国である。会津がこの盟主である。これが連合したのだ。官兵がいかにして勝つことができようか。会津がこの盟主である。必ず戦に勝って江戸に来るであろう。このとき我輩も勇を鼓して上国を一掃する」

と異口同音に唱えていた。

晩秋、仙台が敗れ、会津が降り、かの連合という者、四分五裂《しぶんごれつ》、ひとつも男子なしだった。

その藩士もまた分かれて、勤王家あり、中立家ありだった。

たまたま勇気ある輩《やから》は倒れてなく、その狼狽《ろうばい》、言語に絶するものがあった。

この報、益田長雄、田安邸に来りて、予に密告した。

予、笑って言った。

「かくの如《ごと》くは、およそ初めに期せり」と。……

皆、愕然《がくぜん》として更に答える者がいなかった。

「諸君の心情いかん、かくの如く頼みに足らざる輩を頼みて、むなしく時日を消す。如何ぞ」と予は言った。

海舟の言い分は、列藩同盟の内部は四分五裂で、まとまりをひどく欠いていて、これでは勝てないというものだった。三春藩しかり、秋田藩しかり、新発田《しばた》藩しかり、米沢藩しかりだった。

列藩同盟という共同体は存在せず、最も大事なことは自分の藩だった。だから連帯意識はすぐに崩れさり、いかにして藩を存続させるかに終始した、と海舟は言った。それは確かだった。

その点、薩摩の西郷や大久保、長州の木戸孝允《きどたかよし》らには、薩長同盟を基軸とした軍事同盟を持っていた。

両藩は運命共同体だった。

最大の戦犯は誰か

これだけ内部に軋《きし》みがあると、勝利は困難だった。

お互いに悪口が先行した。

米沢人が会津と仙台に騙されたと言えば、会津、仙台も、

「米沢は狡猾《こうかつ》だ、今春以来、仙台藩を愚弄《ぐろう》して今日の状態に立ち入らせたのも、その責任は米沢にある」

と言い返した。

米沢は肝心なところでいつも腰が引けた。その最たるケースは、越後の戦争である。長岡藩を積極的に支援せず、おそるおそる形ばかりの行進を続け、長岡落城に貢献する結果となった。つまり自信が持てないのである。

これは米沢だけではない。仙台もそうだった。

列藩同盟の盟主でありながら、二本松を見捨てた。正確にいえば、その力がなかったということである。仙台をいかに残すか、それだけで精一杯だった。

そういう細かい事例をいくら述べても、仕方がない。もっと包括的な視野で、列藩同盟がなぜ敗れたのか、どこに構造的な欠陥があったのか、それを明らかにしなければならないだろう。

列藩同盟の盟主である仙台藩の責任は重大だった。

身内の恥をさらすようだが、私の先祖も参戦しており、母方の先祖は亘理伊達《わたりだて》家の家中であり、甲冑《かっちゅう》を着て相馬藩境の戦いに加わった。敵の銃撃をうけて逃げ惑い、途中で鎧《よろい》の袖を捨てた。

甲冑姿の仙台兵は大勢いた。鉄砲は火縄銃が多く、雨が降れば役に立たなかった。こんな軍備をしていたということからしても、仙台は一体、何をしていたのかと言いたくなる。まして、父方の先祖は砲術師範だったのだから、一層責任があった。江戸に長期間滞在し、稲富流砲術の免許皆伝を得て帰国した。しかし、習得した技能は火縄銃だった。

武器の近代化もさることながら、仙台藩の最大の失敗は、仙台に進駐した奥羽鎮撫《おううちんぶ》総督府《そうとくふ》の一行を秋田に放してしまったことである。

総督の九条道孝《くじょうみちたか》は、東北に同情していた人物である。仙台に留めておくべき人物だった。その失敗に気づき、取り返そうと、秋田藩に使節を送った。

それが斬殺事件に発展した。

九条総督を来客として遇しておけば、切り札として使えるはずだった。

秋田で使節を無残な形で斬殺されたために、仙台藩は秋田攻撃に向かわざるをえなかった。兵力が二分され、薩長軍を大いに喜ばす結果となってしまった。

会津藩にも失敗が多かった。最大の失敗は白河での大敗である。

大敗の原因はどこにあったのか。

司令官の選任にまず誤《あやま》りがあった。

京都守護職に反対し、閉門蟄居《ちっきょ》になっていた西郷頼母《さいごうたのも》は、世間と隔絶された数年を過ごしていた。

頼母は薩長軍に対する知識は皆無だった。これでは戦争にならなかった。

頼母を責めても仕方のない話で、任命権者の主君・容保《かたもり》の誤りというしかない。

誰が悪い、彼が悪い、と言っても始まらないが、大鳥圭介《おおとりけいすけ》や土方歳三《ひじかたとしぞう》らをなぜもっと重用しなかったのか、人材の活用に問題があった。

海軍力にも格差

薩長同盟は理想的な形で成立した。

薩摩の西郷や大久保、長州の木戸孝允らは、京都を舞台に実力を磨いてきた男だった。坂本龍馬《さかもとりょうま》が中に入って同盟が結ばれてからは、双方の参謀たちは、蒸気船で、お互いに交流をはかっていた。

途中に長崎という国際貿易都市があり、武器弾薬は思いのままに調達できた。東北との決定的な違いは、地の利と交通ネットワークにあった。

奥羽と越後は、海上交通の部分で格段の遅れがあった。それは財政力とも無縁ではないのだが、仙台藩は江戸との間に海上交通が確立されていなかった。実験的な洋式帆船はあったが、常時、運航されていたわけではなかった。

会津藩も海軍を持っていなかった。

戊辰戦争が始まってから、旧幕府の蒸気船順動丸を手に入れたが、せいぜい、新潟港を拠点に、庄内藩との連絡に使われた程度だった。攻撃力がないため長州の軍艦に越後の海で、座礁《ざしょう》、沈没させられた。

山国で育った会津の人々は海になじみがなかった。新潟に専用の港を持ち、軍艦を導入しようと図《はか》ったときは、すでに時機を失し、軍艦は手に入らなかった。

列藩同盟の会合、兵の動員はすべて陸路だった。膨大な時間と経費を要し、機動力を発揮することはできなかった。

領土が広すぎ、相互の連携が困難であり、列藩同盟の結成まではこぎつけたが、運用には至らなかった。

仙台、会津の責任

薩長同盟は京都の公家集団とも連携し、運命共同体的な集団が結成され、討幕を目標に大運動が展開されたが、列藩同盟は意識も各藩によって異なり、藩内も意思の統一はなされていなかった。佐幕派、勤王派、中間派、さまざまな人々が混在していた。

それが同盟離脱、裏切りにつながっていった。

それを束ねる道はただひとつだった。会津藩がリーダーシップをとることである。

それ以外に方法はなかった。

それが、白河の戦いだった。

そもそも会津藩は、白河の戦いをどう意識していたのか。これが問題だった。

NHK大河ドラマ「天地人」で、「幻の白河決戦」が登場した。

直江兼続《なおえかねつぐ》は白河で戦うのではなく、前方に堀や塹壕《ざんごう》を築き、家康の軍勢が侵入したときは、阿武隈川《あぶくまがわ》の水を引き入れ、水攻めにする大作戦を立てており、勝利の公算が十分にあったと放映された。

兼続に比べれば、戊辰戦争における会津藩の防衛は、ないに等しいものだった。ここで全知全能を傾け、薩長軍を駆逐すれば、五ヵ月足らずで降伏することはなかった。

江戸においては、会津の勝利に期待する向きがかなりあった。戦闘が冬まで持ち越し、膠着《こうちゃく》状態になれば、勝海舟や松平春嶽《まつだいらしゅんがく》らが自分の出番と立ちあがり、和議の交渉が持ち上がる可能性があった。

会津の知識人、秋月悌次郎《ていじろう》は、戊辰戦争後、

「白河がすべてだった」

と、無念の詩を詠んだ。

米沢の責任

米沢藩は最初からおかしかった。

『越後戦争日誌』という史料がある。米沢市芳泉町の山田家所蔵の文書で、米沢市史編纂史料第5号「戊辰戦役関係史料」に収録されている。

それによると、五月一日、大隊頭の中条豊前《なかじょうぶぜん》率いる十三小隊の兵士が、越後の長岡を目指して出軍した。

数百人近い軍勢であったろう。

越後表の強敵を破らんと八幡神社に礼拝し、諏訪《すわ》峠を越えていった。

このとき、越後にも薩長軍が迫っていた。

仙台を盟主とする列藩同盟が正式に結成されたのは、閏《うるう》四月二十三日である。

戦いは二十七日から会津藩が守る、藩境の三国峠に近い小出島《こいでじま》で始まった。この日、敵軍が三国峠に攻め寄せ、会津は奮戦空しく敗れて藩境に退いていた。ここは会津藩の飛び地だった。

「会津藩奉行のお舎弟町野久吉さま戦死、そのほか手負い多く、敗軍に及び、市中騒動大方ならず」

という知らせが、米沢にも伝わっていた。

敵は東山道、北陸道の薩長軍である。ほどなく小千谷《おぢや》に進駐した。

長岡藩は、「他国の兵は一兵たりとも入れない」として国を固め、会津藩の最精鋭部隊朱雀《すざく》隊が長岡に接近していた。

朱雀隊は会津若松を出て、新潟経由で長岡に迫っていた。

ところが米沢藩が来なかった。会津は強く催促した。

米沢勢は、五月二日未明に宇津《うつ》峠に登り詰め、宇津権現に身の安全を祈り、いくつかの峠を越えて小国宿に着いた。

宿はえびす屋勘右衛門といい、ひとしきり越後の情報を聞いた。

翌三日、香坂与三郎隊と二小隊が先行した。本隊は玉川で国仙屋七右衛門方に止宿、ここに六日間も逗留した。

連日の大雨に四方は見えず、宿には薪《まき》の蓄えがなく、ぬれた木をいぶした。

酒は禁止なので、つれづれの余り将棋を指して暇をつぶしたり、歌を詠んだりした。

その後も行軍は、物見遊山《ものみゆさん》に明け暮れ、新潟では、あまりの繁華に目を丸くし、遠くに砲声が聞こえても慌《あわ》てる様子がなかった。

さすがに物見は出したが、全員が戦場に向かって急ぐということもなかった。

長岡近郊に着いたのは、なんと十九日だった。

米沢を出てほぼ二十日たっていた。これでは話にならない。何のための出陣か理解に苦しむ行軍だった。

やる気がまったくなかった。

まさか長岡が負けるとは

前夜の宿は新津《にいつ》だった。早朝、一里ほど進むと、猛火天をこがし砲声がしきりに聞こえた。通行人に問うと、妙高《みょうこう》か長岡か、いずこの戦争か分からぬという。激しい戦争のようだった。

まさか長岡が負けるとは思っていなかった。

ところが加茂《かも》に着くと、なんと長岡が落城したというのである。

中条は呆然とした。

風説をとりまぜると、長岡と会津勢が敵を甘く見て、油断大敵の戒めを忘れていたところに、官賊が斥候を忍び込ませ、夜のうちに信濃川を渡り、十八日早朝、長岡に火を懸《か》けたということだった。

敵味方、撃ち合う弾丸雨あられ、斬り合いもあれば、生け捕りもあったという。

数百軒の町屋が焼け、長岡藩が数十年かかって蓄えた軍用金二十万両、大砲四十門、弾丸合わせ薬を賊軍に略奪されてしまったと、人々は噂し合った。

そのうちに、血だらけの怪我人が続々と運ばれてきた。

米沢藩の最初の仕事は、怪我人の運搬だった。

米沢藩は、一体、この戦争をどう考えていたのか、よく分からなかった。

長岡の河井継之助《かわいつぎのすけ》は、そんな米沢を見て、千坂太郎左衛門《ちさかたろうざえもん》を列藩同盟の越後口総督に引っ張り出し、甘糟継成《あまかすつぐしげ》を参謀に推薦、逆襲に転じる作戦をとったが、米沢兵の逃げ腰は、依然、変わらなかった。

長岡城の奪還作戦のときも機能せず、高みの見物が多く、河井はいらだって、千坂としばしば激論を交わした。

藩内に恭順《きょうじゅん》派もいて、千坂はすべて「米沢藩第一主義」にこだわり、越後口総督の地位を事実上放棄したも同然だった。

この奪還戦で、河井は重傷を負い、米沢、会津、仙台とともに越後から敵を駆逐《くちく》する大作戦は頓挫《とんざ》した。

新発田《しばた》藩が裏切ったのは、まさにこのときだった。

会津も背後から襲われ、列藩同盟は、ジリ貧になり敗れていった。

明治維新以降の東北

敗れた奥羽、越後の諸藩に対する処分が行われたのは、明治元年（一八六八）十二月七日だった。

厳罰に処せられたのは仙台、会津、庄内、長岡である。

仙台は、六十二万石を二十八万石に減封された。

会津は、二十八万石をすべて没収された。庄内は、二十二万石を十二万石に減封、会津若松へ転封となった。

　庄内はこのあと、多額の工作資金を使って転封を阻止する。岩倉具視《いわくらともみ》、三条実美《さんじょうさねとみ》、薩摩の黒田清隆《くろだきよたか》ら明治政府の最高首脳に接触し、成功させたのだった。すべて金次第だった。

　豪商本間家を中心に金策にあたり、最終的には七十万両という巨額の献金をしたと『鶴岡市史』にある。

　ある時期、東北は明治政府から植民地のような扱いを受けた。県の幹部は薩長土肥、つまり戦勝国の人間で占められたところも多い。

　長岡藩七万四千石は二万四千石に削られた。戦争首謀者の河井と山本帯刀《たてわき》の二人は家名断絶となった。山本は会津若松の戦闘で捕らわれ斬刑となっていた。後年、山本五十六《いそろく》が家名を継いでいる。

　会津藩はすべて没収された。のちに旧南部藩の地に三万石を与えられたが、生活が困難な不毛の地だった。

　米沢藩はどうだったのか。

　謝罪哀訴《しゃざいあいそ》に及んだとして四万石の減封ですんだ。しかし武士の誇りは失われ、奥羽諸藩は米沢を「ずるい」と怨嗟《えんさ》した。

　米沢藩はその後もぶれが目立った。

その後に起こった箱館戦争に、政府軍として参戦しようとして断られている。世間から白い目で見られると、今度は「奥羽有罪在一身」、東北の罪は米沢一身にあるという意味不明の建白書を出さんとしたが、勝海舟に口先だけのことだとはねられた。

しかし、米沢城下には被害はなく、結構、世渡りがうまいとも言えた。米沢は会津とは対照的に、武士道を失った。

大きく裏切った諸藩はどうだったのか。

秋田藩は二万石の加増、新発田藩も大いに褒《ほ》められた。三春藩五万石も藩体制の維持を認められた。皆、表面的にはにんまりだった。

しかし秋田も三春も、奥羽の一員であることには変わらず、「白河以北一山百文」と蔑《さげす》まれ、後悔したときには、すでに手遅れだった。

全体を勘案すると、奥羽越列藩同盟の瓦解、奥羽、越後惨敗の責任は、秋田藩や新発田藩、三春藩にあるのではなく、盟主であった仙台、そして会津、米沢の三藩にあった。

ただし会津藩は、一藩で全国から押し寄せた官軍と戦い、壮絶な討ち死にをして責任を取ったという意味で別格であった。土佐の板垣退助《いたがきたいすけ》は、会津の農民は戦争に協力しなかったと言ったが、戦闘は武士の責任で行ったと言えなくもない。

また、玉砕《ぎょくさい》した長岡藩、連戦連勝の庄内藩も歴史にその名を残し、南部藩は原敬《はらたかし》という偉大な復讐者を生み、日本最初の平民宰相《へいみんさいしょう》として薩長藩閥政治に鉄槌《てっつい》を下した。

しかし、それまでの五十年、半世紀にわたって、東北は賊軍の汚名に泣いた。

あとがき

仙台で、十年ほど前から奥羽越列藩同盟の参謀を務めた仙台藩士・玉虫左太夫《たまむしさだゆう》の復権運動が行われている。

玉虫は稀有《けう》な体験の持ち主だった。

安政《あんせい》七年（一八六〇）、日本がアメリカに使節を送り、日米修好通商条約の批准《ひじゅん》の際、玉虫は正使・新見豊前守《しんみぶぜんのかみ》の従者として訪米した経験を持っていた。

従者とは豊前守の身辺を世話する雑役夫で、荷物を運搬し、食膳を運び、食器を洗い、その合間に見聞録を綴った。

乗船した船はアメリカの軍艦ポーハタン号で、日本人七十七人が乗船した。玉虫の部屋は甲板に設けられた臨時の仮小屋で、暴風のときに吹き飛ばされ、危うく海に転落するところだった。

航海はすべてが驚くことばかりだった。

艦長の行動も目を見張るものがあった。嵐が来ると、日本人は部屋の中で這いつくばって念仏を唱えるだけだった。しかし、艦長は自ら甲板で水兵の指揮を執り、嵐が去ると水兵を表彰した。

日本の高官はすべて部下に押し付けるだけで、自分では何もできなかった。

アメリカでは能力がある者が人の上に立った。

サンフランシスコでは、アメリカ人が群れをなして待ちうけており、どこでも大歓迎だった。日本では将軍や藩主は貴人であり、容易に拝謁できなかったが、アメリカでは上下、わけへだてなく、交じり合っていた。

実にうらやましく感じた。

パナマでは蒸気機関車に乗った。あまりにも速いので、周囲は何も見えなかった。

ワシントンでは大統領の居宅、ホワイトハウスを見学したが、どこにも城壁はなかった。この国の形態は共和政治といい、財政、外交、軍事、教育、すべてを議会で審議し、国政が進められている。大統領も議員も選挙で選ばれ、世襲ではなかった。

これぞ理想の政治だと、玉虫は思った。

帰国した玉虫は、仙台藩校養賢堂《ようけんどう》で若者に世界を教えた。

そこに奥羽鎮撫総督《おううちんぶそうとく》が仙台に乗り込んできた。

参謀の長州藩士・世良修蔵《せらしゅうぞう》は「朝敵会津を討て」と叫んだ。アメリカの共和政治を見た玉虫は、その一方的なやり方に強く反発した。新しい日本国をつくるというのであれば、薩摩、長州が一方的に命令するのではなく、諸藩が十分に話し合って国づくりを進めるべきだ、玉虫はそう考えた。

玉虫は会津藩、米沢藩、長岡藩などの参謀と話し合い、会津をあくまで武力攻撃するのであれば、奥羽、越後が共同でこれを防ぐという画期的な連帯を作り上げた。

北方政権の樹立であった。

しかし、戦争は見たとおりであった。

続々送り込まれる負傷者に、玉虫は心の痛みを覚えた。白河が敗れ、長岡も敗れ、仙台にも恭順《きょうじゅん》論が広がった。

玉虫は悩んだ。そこに榎本武揚《えのもとたけあき》の旧幕府艦隊が入港した。仙台では額兵隊がこれに乗り込み、蝦夷《えぞ》地の開拓にあたることになった。

玉虫も蝦夷地に向かう決心をした。塩が必用だというので、塩田のある気仙沼《けせんぬま》に向かい、そこから榎本の艦隊に乗り込むことにした。しかし手違いがあって玉虫は乗船できなかった。

そして、仙台に戻る途中、拘束されてしまった。

玉虫は仙台藩の戦争責任者ではなかった。しかし、藩内の勤王派の中傷で罪を着せられ、切腹に追い込まれた。

「仙台藩の姑息《こそく》なやり方には、激しい怒りを覚える」

伝え聞いた福沢諭吉は慨嘆《がいたん》した。福沢は玉虫と同じ時期に訪米し、以来、付き合いがあった。

玉虫を復権させよう。この声は以前からあったが、昨今ようやく盛り上がりを見せ、とりあえず杜の都仙台を象徴する欅《けやき》の木で玉虫の胸像を造った。

また「超サムライ　玉虫左太夫」の演劇公演、「幕末の日本における東北と仙台藩の取った行動」と題する記念講演、創作落語「玉虫左太夫の生涯」などの多彩なイベントも行われた。

北方政権の理念の再現である。

戊辰戦争は東北、新潟の歴史にとって苦い経験であった。しかし、玉虫の門弟たちは、自由民権運動や憲法草案の作成、あるいは学問の世界で、明治の社会に羽ばたいていった。

この本は以前、静山社から発刊されたものである。

まえがきを書き直し、今回、文芸社のご好意で復刻することができた。

文芸社の皆様に厚く御礼申し上げます。

平成二十九年九月

参考文献

『会津戊辰戦史』『仙台戊辰史』『幕末実戦史』『米沢藩戊辰文書』日本史籍協会編（東京大学出版会）
『維新戦役実歴談（復刻版）』児玉恕忠編（マツノ書店）
『新修名古屋市史』第四巻（名古屋市）
『実説　名古屋城青松葉事件―尾張徳川家お家騒動』水谷盛光（名古屋城振興協会）
『二本松戊辰少年隊記』（『二本松市史』所収）
『秋田県史』（秋田県）
『米沢市史』（米沢市）
『三春町史』（三春町）
『相馬市史』（相馬市）
『河野磐州傳』（河野磐州傳刊行会）
『戊辰役戦史』大山柏（時事通信社）
『鳥羽伏見の戦い』野口武彦（中公新書）
『秋田の戊辰戦争夜話〈続〉―そのとき民衆は』吉田昭治（岩苔庵）

『北方風土　第36号』（北方風土社）
『山県公遺稿・こしのやまかぜ』（東京大学出版会）
『長岡郷土史　第24号・第28号』（長岡郷土史研究会）
『三沢千賀良・暗涙之一滴』（会津戊辰戦争史料集、新人物往来社）

本文写真

会津若松市史7●歴史編⑦近世4『会津の幕末維新』[京都守護職から会津戦争]（会津若松市）
国立国会図書館

本書は二〇一〇年八月、静山社から発行された文庫『戊辰戦争　裏切りの明治維新』を改題・修正した作品です。

文芸社文庫

あくなき薩長の謀略
戊辰戦争　明治維新に隠された卑劣な真実

二〇一七年十月十五日　初版第一刷発行

著　者　星　亮一
発行者　瓜谷綱延
発行所　株式会社　文芸社
〒一六〇-〇〇二二
東京都新宿区新宿一-一〇-一
電話　〇三-五三六九-三〇六〇（代表）
〇三-五三六九-二二九九（販売）
印刷所　図書印刷株式会社
装幀者　三村淳

ISBN978-4-286-19175-1

［文芸社文庫　既刊本］

火の姫　茶々と信長
秋山香乃

兄・織田信長の命をうけ、浅井長政に嫁いだ於市は於茶々、於初、於江をもうけるが、やがて信長に滅ぼされる。於茶々たち親娘の命運は――？

火の姫　茶々と秀吉
秋山香乃

本能寺の変後、信長の家臣の羽柴秀吉が後継者となり、天下人となった。於市の死後、ひとり残された於茶々は、秀吉の側室に。後の淀殿であった。

火の姫　茶々と家康
秋山香乃

太閤死して、ひとり巨魁・徳川家康と対決する於茶々。母として女として政治家として、豊臣家を守り、火焔の大坂城で奮迅の戦いをつらぬく！

それからの三国志　上　烈風の巻
内田重久

稀代の軍師・孔明が五丈原で没したあと、三国志は新たなステージへ突入する。三国統一までのその後のヒーローたちを描いた感動の歴史大河！

それからの三国志　下　陽炎の巻
内田重久

孔明の遺志を継ぐ蜀の姜維と、魏を掌握する司馬一族の死闘の結末は？　覇権を握り三国を統一するのは誰なのか⁉　ファン必読の三国志完結編！

［文芸社文庫　既刊本］

トンデモ日本史の真相　史跡お宝編
原田　実
日本史上の奇説・珍説・異端とされる説を徹底検証！　文庫化にあたり、お江をめぐる奇説を含む2項目を追加。墨俣一夜城／ペトログラフ、他

トンデモ日本史の真相　人物伝承編
原田　実
日本史上でまことしやかに語られてきた奇説・珍説・伝承等を徹底検証！　文庫化にあたり、「福澤諭吉は侵略主義者だった？」を追加（解説・芦辺拓）。

戦国の世を生きた七人の女
由良弥生
「お家」のために犠牲となり、人質や政治上の駆け引きの道具にされた乱世の妻妾。悲しみに耐え、懸命に生き抜いた「江姫」らの姿を描く。

江戸暗殺史
森川哲郎
徳川家康の毒殺多用説から、坂本竜馬暗殺事件の謎まで、権力争いによる謀略、暗殺事件の数々。闇へと葬り去られた歴史の真相に迫る。

幕府検死官　玄庵　血闘
加野厚志
慈姑頭に仕込杖、無外流抜刀術の遣い手は、人を救う蘭医にして人斬り。南町奉行所付の「検死官」が、連続女殺しの下手人を追い、お江戸を走る！

［文芸社文庫　既刊本］

蒼龍の星㊤　若き清盛
篠　綾子
三代と名づけられた平忠盛の子、後の清盛の出生の秘密と親子三代にわたる愛憎劇。やがて「北天の王」となる清盛の波瀾の十代を描く本格歴史浪漫。

蒼龍の星㊥　清盛の野望
篠　綾子
権謀術数渦巻く貴族社会で、平清盛は権力者への道を。鳥羽院をついで即位した後白河は崇徳上皇と対立。清盛は後白河側につき武士の第一人者に。

蒼龍の星㊦　覇王清盛
篠　綾子
平氏新王朝樹立を夢見た清盛だったが後白河との仲が決裂、東国では源頼朝が挙兵する。まったく新しい清盛像を描いた「蒼龍の星」三部作、完結。

全力で、1ミリ進もう。
中谷彰宏
「勇気がわいてくる70のコトバ」——過去から積み上げた「今」を生きるより、未来から逆算した「今」を生きよう。みるみる活力がでる中谷式発想術。

贅沢なキスをしよう。
中谷彰宏
「快感で生まれ変われる」具体例。節約型のエッチではなく、幸福な人と、エッチしよう。心を開くだけで、感じるような、ヒントが満載の必携書。